海峡两岸营销专业能力培训考试指定用书

营销策划实务
测评题库

中国国际商会商业行业商会、台湾行销科学学会 联合主编

经济管理出版社
ECONOMY & MANAGEMENT PUBLISHING HOUSE

北京市版权局著作权合同登记：图字：01-2015-2446 号

图书在版编目（CIP）数据

营销策划实务测评题库/中国国际商会商业行业商会，台湾行销科学学会联合主编. —北京：经济管理出版社，2015.5
ISBN 978-7-5096-3955-9

Ⅰ.①营… Ⅱ.①中… ②台… Ⅲ.①营销策划—资格考试—习题集 Ⅳ.①F713.50-44

中国版本图书馆 CIP 数据核字（2015）第 206053 号

组稿编辑：陈　力
责任编辑：陈　力　赵晓静
责任印制：黄章平
责任校对：张　青

出版发行：经济管理出版社
　　　　　（北京市海淀区北蜂窝 8 号中雅大厦 A 座 11 层 100038）
网　　址：www. E-mp. com. cn
电　　话：(010) 51915602
印　　刷：三河市延风印装有限公司
经　　销：新华书店
开　　本：787mm×1092mm/16
印　　张：6.5
字　　数：142 千字
版　　次：2015 年 9 月第 1 版　　2015 年 9 月第 1 次印刷
书　　号：ISBN 978-7-5096-3955-9
定　　价：24.00 元

序　言

　　随着 2010 年海峡两岸经济合作框架协议的签署，海峡两岸的经济合作不断加强。当前海峡两岸关系的改善和发展，促使海峡两岸经济交流合作有了较之以往更好的发展条件和环境，同时海峡两岸对熟悉彼此市场的人才需求也呈现日益增长的趋势。企业在制定营销战略时，不仅要考虑精确的数据、科学的方法，更应该关注营销人才这个因素。可以说目前企业间的竞争不仅局限于产品间的竞争，同时也是营销人才的竞争。但是，目前中国大陆地区营销领域从业人员的专业水准、开拓市场的能力及营销观念等方面与国际相比还有较大差距。在中国经济"新常态"发展环境下，人才需求结构的变化使营销类人才变得更加抢手。

　　2014 年，在诸多就业率较低的专业中，市场营销专业在不少省份均榜上有名。但根据中国人力资源市场网发布的《2014 年第三季度全国部分省市人才服务机构市场供求情况分析报告》显示，与市场营销领域相关的 2014 年第三季度招聘职位包括："市场营销/公关/销售"和"百货/连锁/零售服务"，分别位居人才需求的第 1 位和第 5 位。"市场营销/公关/销售"和"百货/连锁/零售服务"职位占人才招聘总需求的 25.66%。目前，我国正处于经济结构转型不断深化的关键时期，各行业对营销专业人才的需求旺盛。近年来招聘职位数量居高不下，与目前高校营销专业就业率低的现状明显不符，究其原因主要有以下几点。

　　第一，专业目标性有待加强。根据中国大陆地区的普通高校关于营销人才的培养目标来看，市场营销相关从业人员应具有良好的商业品德和营销伦理修养，系统掌握现代营销管理理论与方法，具备分析和解决市场营销实际问题的能力，从而更好地适应经济发展要求。但现阶段大部分高校对市场营销专业人才的培养目标不太明确，造成知识结构博却不精，没有专长，使得市场营销专业学生在自身定位及今后的从业方向上不明确。

　　第二，专业社会实践教学不足。市场营销本科专业是实践性非常强的专业，要培养出现代化、高素质、应用型的专业人才，必须把专业放到市场中去，把课堂延伸到企业中去。中国大陆地区现行的营销教育主要以普通高等教育为阵地，虽然培养出了高素质营销人才，但大多数高等院校的专业课讲授主要以课堂理论教学为主，一些能培养学生专业技能的实际操作环节却无法实现。

而在中国台湾地区，其普通高等教育中关于营销的教学，更注重理论联系实际，推行"产学合一"，即以产业发展要求促进教学改革，以教学人才培养支持产业发展，并推出了得到行业和院校共同认可的营销类证书认证考试项目，在这方面值得中国大陆地区借鉴和学习。

因此，为促进海峡两岸专业人才和专业服务的双向流动，培养与国际接轨并适应行业发展的营销人才，加强海峡两岸人员交流和资格互认等方面的合作。中国国际商会商业行业商会和台湾行销科学学会面向海峡两岸营销从业人员以及高等院校市场营销、工商管理、旅游管理和酒店管理等专业的学生，开展了海峡两岸营销专业能力培训考试项目。考试合格者，由中国国际商会商业行业商会和台湾行销科学学会颁发《海峡两岸营销专业能力证书》。《海峡两岸营销专业能力证书》设置营销策划师和旅游营销师两个专业类别。

此次出版的系列教材是海峡两岸营销专业能力培训考试项目指定教材，共分为三本，分别是《营销管理概论测评题库》、《旅游营销实务测评题库》和《营销策划实务测评题库》。

该系列教材由中国国际商会商业行业商会和台湾行销科学学会共同组织海峡两岸专家学者成立的命题委员会编写。在编写过程中参考了大量专业教材、专著、论文及实践案例，并得到诸多海峡两岸专家学者的指导，在此表示由衷感谢。

相信该系列教材会对海峡两岸营销专业人才的培养做出有益尝试。由于编写时间有限，编者水平有限，教材中难免存在不足之处，敬请各位专家、广大读者和同行批评指正，以便再版时予以修改和完善。

目　录

第一章　营销策略规划

1. 某面包店在不减少面包分量的前提下，降价促销。这属于下列哪一种策略？

A. 市场渗透策略

B. 市场发展策略

C. 产品发展策略

D. 多角化策略

2. 某面包店将营业时间延长为 24 小时，希望能增加对熬夜加班的上班族或学生的销售额。这属于下列哪一种策略？

A. 市场渗透策略

B. 市场发展策略

C. 产品发展策略

D. 多角化策略

3. 某面包店提高面包里的纤维素含量，以满足消费者的健康需求。这属于下列哪一种策略？

A. 市场渗透策略

B. 市场发展策略

C. 产品发展策略

D. 多角化策略

4. 某面包店根据商圈调查分析，决定在每日 11:30~14:30 的时段增设商业简餐，提供消费者热食与饮料，以满足上班族商业行为的需要。这属于下列哪一种策略？

A. 市场渗透策略

B. 市场发展策略

C. 产品发展策略

D. 多角化策略

5. 麦当劳通过各种途径努力做到自己的咖啡既便宜又好喝，完全不逊于其他"高档"的咖啡。下列相关论述哪一项不正确？

A. 经济环境衰退时，是实行此种做法的好时机之一

B. 麦当劳以价格定位与竞争者差异化

C. 麦当劳认定的竞争对手是平价咖啡品牌

D. 麦当劳目前的快餐文化及做法，与高档咖啡的休闲享受形象有所冲突

6. 很多人因为没钱不想出门，造成宅经济或宅商机现象。下列论述哪一项不正确？

A. 在家就能自行娱乐的产品是受益者，如 DVD、在线游戏、漫画、网络拍卖平台等

B. 宅经济的前身称为 SOHO 族

C. 上网人数更多，更依赖网络搜索引擎找到的数据

D. 经济越景气，宅经济越"一枝独秀"，表现亮眼

7. 全面实施周休两日后，创造了不少商机，下列论述哪一项正确？

A. 与户外休闲有关的产品和行业成为受益者

B. 在家就能自行娱乐的产品亦是受益者

C. 民众开始讲究休闲活动与文化、健康、心灵、美学等的结合

D. 以上皆正确

8. 下列有关"目标"的陈述，哪一项最不恰当？

A. 在成本增加少于10%的前提下，使客户抱怨的平均次数低于0.5次

B. 两年内使80%的顾客有"非常满意"的满意度水平

C. 五年内成为领导品牌

D. 三年内加盟店达150家以上

9. 假设你是一位农药制造业者，以下关于应注意的外在环境陈述，哪一项不正确？

A. 政府法令的限制   B. 消费者对于有机饮食的重视程度

C. 环境污染的恶化情况   D. 以上皆正确

10. 下列哪一项公司使命不符合营销导向？

A. 我们会让消费者网络购买体验更快捷、更方便、更享受

B. 我们随时随地建立与顾客的联结

C. 我们主持在线拍卖

D. 我们创造顾客美好的体验经历

11. 美国某捕鼠器工厂执着于生产质量最好、价格又便宜的捕鼠器，而忽略市场需求。此种做法比较符合下列哪一种营销概念？

A. 生产导向   B. 销售导向   C. 营销导向   D. 关系营销导向

12. 低度开发国家的境内几无工业可言，许多民生用品依赖进口，多数小贩或店家持有"能生产什么就只好卖什么"的想法，这比较符合下列哪一种营销概念？

A. 生产导向   B. 销售导向   C. 营销导向   D. 关系营销导向

13. 旅馆业者认为要常打广告、发传单并多与顾客互动，才能吸引消费者以提高住房率。此种想法比较符合下列哪一种营销概念？

A. 生产导向   B. 销售导向   C. 营销导向   D. 关系营销导向

14. 麦当劳宣称如果证实牛肉供货商的牧场破坏雨林，就终止与该供货商的合约。下列营销概念哪一项不符合此做法？

A. 社会营销   B. 绿色营销   C. 环境营销   D. 关系营销

15. 航空公司采取累积里程计划及其他促销手法，以提高现有乘客的搭机次数，属于下列哪一种成长策略？

A. 产品调整策略 　　　　　　　　B. 多角化策略

C. 市场渗透策略 　　　　　　　　D. 市场发展策略

16. 王先生的工作是通过建立、传递、沟通优质的顾客价值，以争取及维系顾客。他的职位是_____。

A. 销售经理 　　　B. 总经理 　　　C. 营销经理 　　　D. 高阶经理

17. 沃尔玛（Wal-Mart）是全球最大的零售商，已成功在墨西哥、加拿大、英国等国家建立了自己的店面。此种做法称为哪一种成长策略？

A. 多角化策略 　　　　　　　　　B. 产品发展策略

C. 人口统计市场发展策略 　　　　D. 地理市场发展策略

18. 星巴克（Starbucks）于 1999 年开始在店面贩卖 CD，并且在其他地区测试新的餐厅概念。此种做法称为哪一种成长策略？

A. 产品发展策略 　　B. 多角化策略 　　C. 市场渗透策略 　　D. 市场发展策略

19. 中粮集团粮油食品行业涉及农业、加工业、制造业、流通、金融等不同领域，每个单位都可称为一个_____。

A. 部门单位 　　B. 利润中心单位 　　C. 事业组合单位 　　D. 战略业务单元

20. 泰国知名的纸业制造 Double A 公司，在泰国每年种下 1.2 亿棵油加利树，不仅可产生氧气，降低二氧化碳排放量，也可提供该公司具有质量的纸浆原料来源，其做法符合哪一种营销观念？

A. 生产导向 　　B. 社会营销导向 　　C. 营销导向 　　D. 销售导向

21. 某汽车公司的总裁声称其企业所生产的一款新车是世界首创的智能型车种，这是下列哪一种策略？

A. 公司策略 　　B. 事业策略 　　C. 功能策略 　　D. 广告策略

22. 下列哪一种最有可能是问题事业？

A. 传统节日食用的食品

B. 某一公司想要停止生产的产品线

C. 某一领导品牌，但亏本的事业

D. 为顺应老年化社会，某一旅馆业者想要投资养老院

23. 某一家小型计算机软件设计公司，长久以来的经营策略是为有特殊需求的客户设计定制化的信息管理系统，这家公司是采取了下列哪一种策略？

A. 全面成本领导策略 　　　　　　B. 差异化策略

C. 集中策略 　　　　　　　　　　D. 回避策略

24. 百货公司的周年庆促销活动属于下列哪一种策略？

A. 市场渗透策略 　　B. 市场发展策略 　　C. 产品发展策略 　　D. 多角化策略

25. 某一句广告语："学钢琴的小孩将来会成为科学家"，这属于下列哪一种策略？

A. 市场渗透策略　　　B. 市场发展策略　　　C. 产品发展策略　　　D. 多角化策略

26. 在能源危机中，推出油电混合车，这属于下列哪一种策略？

A. 市场渗透策略　　　B. 市场发展策略　　　C. 产品发展策略　　　D. 多角化策略

27. 某零售连锁店在经营稳定后，宣布成立物流快递公司，以配合连锁店经营的需要并对外营业，这属于下列哪一种策略？

A. 市场渗透策略　　　B. 市场发展策略　　　C. 产品发展策略　　　D. 多角化策略

28. 总经理："王经理，对于新产品的推出，请提出您的方案。"王经理："我认为应该是以我们的新产品能凸显女性的独立自主与自尊为诉求重点，以符合现代女性普遍的自我概念。"这属于哪一种层级的策略？

A. 公司策略　　　B. 事业策略　　　C. 功能策略　　　D. 差异化策略

29. 总经理："王经理，对于新产品的推出，请提出您的方案。"王经理："我认为我们的新产品，应采取小包装、低总价的策略，以符合凸显女性的独立自主与自尊的产品诉求。"这属于哪一种层级的策略？

A. 公司策略　　　B. 事业策略　　　C. 功能策略　　　D. 成本领导策略

30. 总经理："王经理，对于新产品的推出，请提出您的方案。"王经理："我认为我们的新产品，应该以精品店为渠道，在时尚杂志做广告，并以新崛起的单身、单亲女性偶像歌手为代言人，以符合凸显女性的独立自主与自尊的产品诉求。"这属于哪一种层级的策略？

A. 公司策略　　　B. 事业策略　　　C. 功能策略　　　D. 成本领导策略

31. 某计算机公司推出新型的迷你平板计算机，以过去该公司未曾重视的"银发族"为目标市场，这不属于下列哪一种策略？

A. 新产品发展策略　　　　　　　　　　B. 市场发展策略

C. 集中策略　　　　　　　　　　　　　D. 成本领导策略

32. 总经理："王经理，对于未来一年的广告诉求，请提出您的方案。"王经理："过去我们是以男女间的一生一世情为产品象征。我认为未来应该是以我们的产品能凸显女性的独立自主与自尊为诉求重点，以符合现代女性普遍的自我概念。"这属于下列哪一种策略？

A. 新产品发展策略　　　B. 市场发展策略　　　C. 集中策略　　　D. 多角化策略

33. 某汽车公司的总裁声称其企业所生产的一款新车是世界首创的智能型车种，这属于下列哪一种策略？

A. 新产品发展策略　　　B. 市场发展策略　　　C. 集中策略　　　D. 品牌延伸策略

34. 香香面包店为了让顾客更方便享用到刚出炉、热腾腾的面包，在北京市新增设 10 家分店。这属于下列哪一种策略？

A. 市场发展策略　　　B. 市场渗透策略　　　C. 产品发展策略　　　D. 多角化策略

35. 香喷喷面包店近来在店面增设早餐区，并增加供应现煮咖啡与现榨的新鲜果汁，以吸引平时在快餐店用早餐的外食族群。这属于下列哪一种策略？

A. 市场发展策略　　　　B. 市场渗透策略　　　　C. 产品发展策略　　　　D. 多角化策略

36. 下列哪一种情况，最有可能是金牛事业（Cash Cows）？

A. 某一领导品牌，但亏本的事业

B. 某一企业想要退出市场的产品线

C. 某一奶粉业者以坐月子中心服务新市场

D. 某青少年服饰业者对原有的青少年服饰进行促销方案

37. 新明公司的基本策略重点在于开源。这属于下列哪一种竞争策略？

A. 差异化策略　　　　B. 焦点策略　　　　C. 成本领导策略　　　　D. 成本焦点策略

38. 中国台湾鸿海入股日本夏普，希望以夏普拥有的全球知名品牌与先进技术开发能力，结合鸿海集团的机光电技术及精密制造能力，以互补竞争力产生综效，此种做法最不可能属于下列哪一种策略？

A. 垂直整合策略　　　　B. 多角化策略　　　　C. 市场渗透策略　　　　D. 市场开发策略

39. 下列哪一种情况是企业罹患营销近视症的征兆？

A. 我们致力于保留传统的美味

B. 在同业都削价竞争时，我们采取产品差异化策略提供高质量、高价格的产品

C. 我们无法掌握未来 10 年的市场趋势

D. 我们无法判定目标市场

40. 国人的生育率降低，"丁克族"（DINKs）的比重也快速上升，"保险、信托、投资"是其必要的退休规划宝典。何谓"丁克族"？

A. 单身贵族

B. 双薪无小孩的家庭

C. 通过网络与电话在家或其他场合办公的人

D. 家里只有一个小孩的独子家庭

41. 某国政府为刺激妇女生育以提高国人的生育率，采取各种奖励与补贴措施，但还是无法有效地刺激妇女生育，下列有关的陈述哪一项正确？

A. 生育率下降主要是担忧环境恶化与教育问题，因此政府需思考改善环境

B. 表示未来潜在市场将缩小

C. 影响厂商未来的机会

D. 以上皆是

42. 灿坤 3C 为新门市开幕设计一连串的优惠活动，并根据旗下会员的交易记录，挑选出最可能参加此一系列活动的目标会员名单，并寄送 DM 通知相关信息，借此提高会员的回购率。此种做法符合下列哪一种营销思维？

A. 被动式营销　　　　B. 主动式营销　　　　C. 交互式营销　　　　D. 大众营销

[章节详解]

1.（A）【题解】市场渗透是指在不改变产品的前提下，提高既有顾客的购买量或次数。

2.（B）【题解】市场发展是指将现有产品推展到新的市场。本题延长营业时间以吸引夜间工作族群，即为推展到新的市场。

3.（C）【题解】产品发展是指对现有市场提供具有潜在利益的新产品。

4.（D）【题解】多角化是指开发新产品进入新市场。

5.（C）【题解】（C）竞争对手是高档咖啡店。

6.（D）【题解】经济不景气的情况下，人们对于娱乐的支出势必会减少，因此花费较高的娱乐会受到压抑，省钱的在家娱乐法就会成为主流。

7.（D）【题解】周休两日同时刺激更多人从事户外与户内的休闲活动，并随着生活水平提高及健康意识增强，开始讲究休闲活动须与文化、健康等结合。

8.（C）【题解】（C）何谓"领导品牌"？其定义并不明确。

9.（D）【题解】（B）与农药需求呈反向关系。

10.（C）【题解】（C）并未提到以顾客为核心来描述公司提供的产品与服务。

11.（A）【题解】生产导向认为只要把产品做出来，不要太烂太贵，就可以卖出去。

12.（A）【题解】生产导向认为只要把产品做出来，不要太烂太贵，就可以卖出去。

13.（B）【题解】销售导向认为要以广告、推销等手法尽快将手上的产品卖出去以获利。

14.（D）【题解】关系营销是指注重与顾客、上下游厂商及其他合作伙伴的关系。

15.（C）【题解】市场渗透是指在没有改变产品的情况下，设法提高既有顾客的购买次数与购买量。

16.（C）【题解】营销不同于销售，要先考虑消费者的需求，然后提供符合其利益的产品以创造消费者满足感，并使企业获利。

17.（D）【题解】（D）是指将产品销往不同的国家或地理区域。

18.（B）【题解】多角化是指开发新产品以进入新市场。

19.（D）【题解】战略业务单元有其核心业务及特定的目标市场与竞争者，有专责的主管负责策略规划与绩效，且能控制大多数的经营要素。

20.（B）【题解】社会营销导向强调："厂商除满足顾客与企业获利外，应该维护整体社会与自然环境的长远利益。"因此，该公司符合社会营销导向的观点。

21.（D）【题解】公司策略是拟定企业使命。事业策略是拟定"产品/市场"的组合。功能策略是拟定营销组合。

22. （D）【题解】（A）可能是金牛（Cash Cow）或瘦狗（Dog）事业；（B）瘦狗（Dog）事业；（C）明星（Star）事业。

23. （C）【题解】集中策略是指当资源、竞争力不足时，聚焦于某一个能获利又不至于招致竞争的小市场细分。

24. （A）【题解】市场渗透策略是指在不改变产品的情况下，设法提高顾客的消费量。

25. （B）【题解】市场发展策略是指将现有产品延伸至新的市场。钢琴原属于艺术市场，"学钢琴的小孩将来会成为科学家"一句意图将钢琴引进科学教育的市场。

26. （C）【题解】产品发展策略是指以新产品进入现有的市场。

27. （D）【题解】多角化策略是指以新产品进入新市场。物流配送到家对于零售连锁店是新产品与新市场。

28. （A）【题解】公司策略首重使命的界定，使命在说明顾客是谁？为顾客提供什么价值？"凸显女性的独立自主与自尊"即为所要提供的价值。

29. （B）【题解】事业策略是说明为了达成公司使命，应该选择的产品与市场组合。

30. （C）【题解】功能策略是说明为了达成事业部的目标，应该采取的营销组合。

31. （D）【题解】迷你平板计算机对该公司而言是新产品，"银发族"是市场的一部分，所以是属于新产品发展策略。但上述族群过去并非该公司的主要目标市场，所以又是市场发展策略。这些族群是其他竞争者所忽略的，所以又是集中策略。

32. （B）【题解】（B）市场发展策略。给旧产品以新的定位。

33. （A）【题解】（A）新产品发展策略是指以新产品进入现有市场。

34. （B）【题解】市场渗透是指在不改变产品的前提下，提高既有顾客的购买量或次数。本题中香香面包店增设分店以增加销售额，故属于市场渗透策略。

35. （C）【题解】产品发展是指针对现有市场提供修正的产品或推出新产品。本题中香喷喷面包店针对其目标市场推出现煮咖啡与现榨的新鲜果汁等新产品，属于产品发展策略。

36. （C）【题解】（A）明星（Star）事业；（B）瘦狗（Dog）事业；（D）问题（Question Marks）事业。

37. （A）【题解】差异化策略是指企业的产品或服务与同业明显不同，因此可以高于市场一般价格以上的水平定价。故以不断的开发新市场为目标的策略属于差异化策略。

38. （C）【题解】鸿海是上游零组件厂商，夏普是下游面板与消费品厂商，故鸿海入股夏普是垂直整合策略，可以协助开发零组件的面板市场，以及增进产品研发能力，不属于市场渗透策略，即在没有改变产品的情况下，设法提高既有顾客的购买次数与购买量。

39. （A）【题解】营销近视症是指公司使命或产品导向太过狭隘。

40.（B）【题解】DINKs 是指 Dual-Income，No-Kids Couple，即双薪无子的家庭。

41.（D）【题解】一国生育率的下降，且呈现负增长表示未来该国总体人口数下降，将使潜在的市场规模缩小，进而影响厂商的市场机会。因此，各国政府多半会采取各种奖励的方式鼓励生育。

42.（C）【题解】交互式营销属于脱机式，是针对特定营销活动而执行的数据库营销或一对一营销。

第二章　市场区隔（细分）与定位

1. "好便宜"零售连锁店推出"好便宜"品牌的卫生纸，这属于哪一种策略？

A. 家族品牌策略　　　B. 垂直整合策略　　　C. 私有品牌策略　　　D. 水平整合策略

2.《锐得》营销杂志报道现在的消费者趋势是，老的想要年轻化，少的想要装成熟，没钱的想追求物质享受，有钱的想要低调平凡，他们产生一种矛盾消费情结，跨越既有的生活形态或价值观。为顺应此种趋势，厂商最好使用哪一种市场区隔变量，方能发展有效的营销策略？

A. 年龄　　　　　　B. 所得　　　　　　C. 社会阶级　　　　D. 追求利益

3. 7-Eleven 以"方便的好邻居"为定位，全家便利商店以"全家就是你家"为定位。下列相关论述哪一项不正确？

A. 由于家人比邻居更亲近，故消费者都认为全家比 7-Eleven 能提供更贴心的服务

B. 二者皆以成为民众生活不可或缺的服务中心为定位

C. 连锁便利商店的成功关键在于展店数多，并强化具有吸引力的服务

D. 二者以不同的店面色调及品牌标志，强调品牌间的差异

4. 餐饮、花卉及礼品业者重视情人节、母亲节、农历新年等节日，纷纷推出营销活动以刺激消费。下列论述哪一项不正确？

A. 业者以购买时机界定目标市场

B. 节日消费的使用情境多为送礼胜过自用

C. 节日消费的价格敏感度较平日为低

D. 以价格促销作为刺激节日消费的主要手段

5. 消费者购买自行车的动机可以是省下油钱与停车费、短程代步、运动健身等，厂商以此建立市场区隔，所使用的区隔基础为_____。

A. 追求利益　　　B. 购买时机　　　C. 使用情境　　　D. 使用频率

6. 与生理及智力成熟度有关的产品，可以使用年龄作为区隔变量。下列产品哪一项较不适合？

A. 有分级制度的电影及电视节目　　　　　B. 适用不同成长阶段的奶粉配方

C. 适合不同类型女性的香水　　　　　　　D. 有小、中、大号之分的纸尿裤

7. 产品使用情境的不同，导致消费者对于产品需求的异质性，进而形成市场区隔。以冷冻调理食品为例，下列哪一项不是适当的使用情境？

A. 去餐厅吃简餐的时候　　　　　　　　　B. 两餐之间暂时充饥的点心

C. 赶时间做饭　　　　　　　　　　　　　D. 变换口味

8. 某一营销经理根据市场研究指出："这个市场的竞争者很多，且各提供不同特色的产品。然而由于这些产品都太过专业化，因此消费者普遍有必须购买多家厂商的产品才能满足其需求的困扰。"根据上述结果，你认为该营销经理应采取哪一种策略？

A. 市场专业化营销　　　　　　　　　　　B. 无差异营销

C. 回避策略　　　　　　　　　　　　　　D. 蚕食营销

9. 联合利华公司拥有旁氏、力士、夏士莲、奥妙和中华等知名品牌，分别具有特定的品牌形象，吸引不同的市场区隔。此种营销方式称为_____。

A. 利基营销　　　　B. 差异化营销　　　　C. 无差异营销　　　　D. 个人化营销

10. 消费者在戴尔计算机（Dell Computer）网站上选购计算机时，可依照需求自行选择偏好的零组件。此种营销手法称为_____。

A. 利基营销　　　　B. 差异化营销　　　　C. 无差异营销　　　　D. 大量定制化

11. 蜜丝佛陀（Max Factor）不仅是彩妆专指名词"Make-Up"的提出者，也是第一套供大众使用的彩妆用品的发明者，其品牌被定位为专业彩妆大师最爱的化妆品，是以下列哪一项为定位基础？

A. 使用者　　　　　B. 竞争者　　　　　　C. 品牌个性　　　　　D. 属性与功能

12. 品牌形象的建立有赖于清楚的定位与广告口号，下列定位策略哪一项不正确？

A. 属性利益：Volvo 汽车强调安全性

B. 竞争者：包装水强调俗又大碗

C. 使用情境：王老吉凉茶强调祛热降火功效，最适合冬天吃火锅后

D. 使用者：蜜丝佛陀定位为专业彩妆大师最爱的化妆品

13. 下列哪一种产品市场区隔基础，其采用的营销策略的执行效率最高？

A. 化妆品厂商锁定女性市场　　　　　　　B. 精品业者锁定高所得市场

C. 清凉饮料锁定年轻人市场　　　　　　　D. 牙膏业者锁定追求牙齿美白市场

14. 每年的父亲节档期是电动剃须刀产品热卖的时期；购买者未必全是男性，许多女性选择电动剃须刀当作父亲节的礼物。下列论述哪一项不正确？

A. 也可界定目标市场的范围为女性

B. 可根据女性的送礼行为，进行市场区隔

C. 也可根据父女关系类型，进行市场区隔

D. 在大众营销的观念下，市场区隔应一直细分下去，营销策略的效果才会提升

15. 一阳旅行社多年来秉持瑞士旅游专家的形象，锁定位于金字塔顶端、想到瑞士进行深度旅行的游客。此目标市场较不符合下列哪一种特性？

A. 符合组织的竞争优势　　　　　　　　B. 市场规模很大

C. 市场需求弹性够低　　　　　　　　　D. 有显著的市场独特性

16. 下列哪一项不是以人格特质建立产品形象？

A. 青春活泼的钻石设计　　　　　　　　B. 可爱讨喜的汽车外形

C. 沉稳内敛的服装造型　　　　　　　　D. 追求乐活（Lohas）的食品

17. 老虎牙子强调其主要原料是"刺五加"，这种生长在中国黑龙江省、日本北海道的植物，可以加速新陈代谢，增加人体摄氧量，定位为有氧饮料。下列哪一项为其定位基础？

A. 品牌个性　　　B. 属性与功能　　　C. 使用者　　　D. 竞争者

18. "万宝路（Marlboro）专属于粗犷豪迈的男人"，此品牌定位最可能是以下列哪一项作为定位基础？

A. 品牌个性　　　B. 属性与功能　　　C. 使用者　　　D. 竞争者

19. 可口可乐与百事可乐是全球最大的两家清凉饮料厂商，最不适合使用下列哪一项为定位基础？

A. 品牌个性　　　B. 属性与功能　　　C. 使用者　　　D. 竞争者

20. 某一汽车广告的一句广告词："伴你冲破风的障碍、展现你幽雅的自信"，是诉求下列哪一项消费者特质？

A. 价值观　　　B. 兴趣　　　　C. 人格特质　　　D. 生活形态

21. 某一桌椅制造商只生产单一规格的桌椅给大卖场的美食街，这属于下列哪一种策略？

A. 产品专业化营销　B. 刮脂策略　　C. 市场专业化营销　D. 蚕食营销

22. 供应100种以上家常菜色的平价自助餐店，不属于下列哪一种策略？

A. 定制化营销　　B. 产品专业化营销　C. 市场专业化营销　D. 一对一营销

23. 仅卖鄱阳湖刀鱼的专卖店，属于下列哪一种策略？

A. 定制化营销　　B. 产品专业化营销　C. 市场专业化营销　D. 一对一营销

24. 某汽车公司为顺应消费者高涨的环保意识，推出电动汽车，这是采取下列哪一种市场区隔变量？

A. 地理区隔变量　　B. 人口统计变量　　C. 心理统计变量　　D. 行为变量

25. 某一酒类的广告用语为："努力勇敢向前进"（Keep Walking），这种诉求取决于下列哪一个因素？

A. 品牌功能　　　B. 品牌个性　　　　C. 品牌属性　　　D. 品牌利益

26. 某种饮料品牌强调可以防止肥胖，以避免别人异样的眼光。这种诉求是取决于下列哪一个因素？

    A. 品牌属性与功能   B. 品牌个性

    C. 品牌属性   D. 品牌利益与用途

27. 某种饮料品牌强调它的消暑能力无人能比，这种诉求是取决于下列哪一个因素？

    A. 竞争者   B. 使用者

    C. 品牌属性   D. 品牌利益与用途

28. 某一品牌口香糖宣称其口香糖是市面上唯一能帮助戒烟的，这不属于下列哪一种诉求？

    A. 竞争者   B. 使用者

    C. 品牌个性   D. 品牌利益与用途

29. 某一品牌口香糖的广告词："约会的时候，青草口香糖能拉近两人的距离"，这主要是什么诉求策略？

    A. 竞争者   B. 使用者   C. 品牌个性   D. 生活形态

30. 某营销经理说："我觉得我们的产品有许多优点，消费者看到我们产品时大都持有正面的态度。我们也花了许多钱，在所有的媒体与时段广告这个特色，为什么产品就是卖不出去？"你觉得这可能是什么问题？

    A. 广告量不够   B. 广告诉求定位不明确

    C. 产品有太多优点   D. 产品质量不佳

31. 某营销经理说："为适应消费者多样化的需求，我觉得我们可以另外创造一个品牌，营销类似的产品，并防止其他竞争者进入这个市场。"你觉得这可能是什么策略？

    A. 差异化策略   B. 迂回策略

    C. 自我蚕食策略   D. 品牌延伸策略

32. 雷克萨斯（Lexus）是日本丰田集团的顶级车产品线，但在所有营销活动上故意不显露与丰田（Toyota）或日本的关系，你觉得这可能是出于什么策略考虑？

    A. 品牌来源国效果   B. 迂回策略

    C. 自我蚕食策略   D. 市场发展策略

33. 许多产品以名人（如电视明星）作为广告的代言人，这主要是考虑什么效果？

    A. 参考群体效果   B. 经验式学习效果

    C. 自我实现效果   D. 口碑传播效果

34. 某建设开发公司推出专属于上流社会人士的豪宅建案。这是采取下列哪一种区隔变量？

    A. 地理区隔变量   B. 人口统计变量   C. 行为变量   D. 心理统计变量

35. 每逢过年期间，电视开始频繁出现礼盒的广告。这种区隔基础是源自_____。

　　A. 地理区隔变量　　　B. 人口统计变量　　　C. 行为变量　　　D. 心理统计变量

36. 香香面包店提供自行设计蛋糕的服务，为顾客制作属于他们品味的蛋糕。这种营销企划不属于下列哪一种策略？

　　A. 产品专业化营销　　B. 定制化营销　　　C. 个人营销　　　D. 一对一营销

37. 某一消费者在接受市场调查时说："我总认为P公司只生产高价位的腕表，原来也生产大众化的腕表呀！"P公司在定位策略上犯了下列哪一种错误？

　　A. 定位混淆　　　B. 定位过度　　　C. 定位不足　　　D. 无定位

38. 下列有关价值观的叙述哪一项是正确的？

　　A. 价值观是随人格特质而不同

　　B. 是指一个人在面对外在环境时，所表现出的独特、一致性的反应

　　C. "便宜没好货"是一种价值观

　　D. "我看见冰淇淋就忍不住想吃一口"是一种价值观

39. 下列哪一项为不合适品牌定位的口号或宣称的独特利益？

　　A. 诺基亚（Nokia）手机：科技始终来自人性

　　B. 沃尔沃（Volvo）汽车：安全性是坚持不变的最高原则

　　C. 可口可乐：蓝色风暴

　　D. 耐克（Nike）：Just Do It!

[章节详解]

1.（C）【题解】私有品牌策略是指渠道商委外生产后，以零售商品牌在自己的渠道销售。

2.（D）【题解】此种消费趋势不符合一般人对于不同年龄、所得或社会阶级区隔的预期，故厂商应从追求利益的角度区隔市场，直接思考消费者使用产品之后想要得到的好处或效益可以分为哪些区隔。

3.（A）【题解】塑造定位不能只靠宣传动人的口号，必须依赖所有营销组合的密切配合。

4.（D）【题解】由于节日消费的价格敏感度较低，价格促销较不适合，多采用非价格促销。

5.（A）【题解】营销人员以追求利益为区隔基础，是从消费者使用产品之后，得到什么好处及增进什么效益的角度。

6.（C）【题解】消费者对于香水的偏好，与年龄无直接关系。

7.（A）【题解】去餐厅吃饭，是由餐厅提供餐点，消费者不必购买冷冻调理食品。

8.（B）【题解】（B）无差异营销是指强调消费者需求的共同性。

9.（B）【题解】在差异化营销的策略下，厂商设计不同的产品及对应的营销组合，进入两

个或以上的市场。

10.（D）【题解】大量定制化是指企业运用既有的基本模块，提供每位顾客不同组合的选择。

11.（A）【题解】使用者定位强调某特定类型的人最适合或最应该使用某个品牌。

12.（B）【题解】（B）以产品属性为定位基础，而非竞争者。

13.（D）【题解】以利益、动机等作为区隔基础，有助于厂商预测消费者行为，所制定的营销策略能有效满足消费者的需求。

14.（D）【题解】大众营销与个人化营销的概念不同，认为若一直细分市场，则目标市场的规模可能会太小，致使厂商无利可图。

15.（B）【题解】金字塔顶端的消费者，人数相对较少，故对于该旅行社而言，市场规模可能不是很大。

16.（D）【题解】乐活是一种生活形态，以健康及自给自足的形态过生活。

17.（B）【题解】产品的不同属性各有功能，常被结合用来定位品牌。

18.（C）【题解】使用者定位强调某特定类型的人最适合或最应该使用某个品牌。

19.（B）【题解】两个品牌的碳酸饮料具有相似的口味及外观，不易以属性功能建立差异化的定位。

20.（C）【题解】人格特质是指一个人在面对外在环境时，所表现出的独特、一致性的反应。

21.（A）【题解】（A）产品专业化营销是指提供一种产品给部分市场区块。

22.（B）【题解】（B）产品专业化营销是指提供一种产品给部分市场区块。本题是提供多种产品给喜欢家常菜色的平价市场，因此是属于"市场专业化营销"。此外，客人可以依其喜好而挑选菜色组合，因此，是"定制化营销"、"一对一营销"。

23.（B）【题解】（B）产品专业化营销是指提供一种产品给部分市场区块。

24.（C）【题解】（C）本题是属于心理统计变量的价值观。

25.（B）【题解】（B）品牌个性，可用来彰显个人品位或地位。

26.（D）【题解】（D）品牌利益与用途是指产品可以解决什么问题。

27.（A）【题解】（A）强调自身产品与竞争者间的差异性。

28.（C）【题解】品牌个性，是彰显消费者的品位或地位。

29.（B）【题解】本题表示此品牌适合约会的人使用。

30.（B）【题解】该公司花了许多钱，在所有的媒体与时段广告这个特色，表示没有明确的定位。

31.（C）【题解】（C）自我蚕食策略是指在同一市场内另创一品牌，以满足消费者多样化的需求。

32.（A）【题解】（A）品牌来源国效果。避免消费者对日本车的刻板印象而影响对 Lexus 的态度。

33.（A）【题解】（A）参考群体效果。名人属于参考群体。

34.（D）【题解】社会阶级属于心理统计变量。

35.（C）【题解】过年少不了送礼，因此，所有厂商频繁地推出礼盒广告，此种区隔基础属于行为变量。

36.（A）【题解】（A）产品专业化营销是指提供一种产品给部分市场区块。本题是提供专属单一顾客偏好的营销企划，因此本题属于个人营销，又称为一对一营销、定制化营销。

37.（B）【题解】P公司给消费者过于窄化的印象，使消费者对P公司仅有生产高级腕表的感觉，故P公司犯了定位过度的错误。

38.（C）【题解】（A）人格特质是随价值观而不同；（B）这是人格特质的定义；（D）属于人格特质。

39.（C）【题解】蓝色风暴是百事可乐的定位且无法显示独特的利益。

第三章 消费者行为

1. 小音在购买洗发露时，总是仔细比较所有的信息、分析各个品牌的诉求与差异，也总会比较制造日期、沃尔玛、家乐福、大润发、乐购等哪一家比较便宜等信息。小音对洗发露的购买行为可算是_____。

A. 转换使用者   B. 低涉入程度消费者

C. 高涉入程度消费者   D. 品牌忠诚者

2. 强生强调其日抛隐形眼镜具有放大眼睛效果，这样的诉求对哪一区隔最为有效？

A. 重视美观功能的高涉入消费者

B. 对隐形眼镜附加功能较不在乎的低涉入消费者

C. 品牌忠诚者

D. 品牌转换者

3. 纳智捷（Luxgen）强调智能车夜视功能，此广告诉求获得小王的关注，使小王在买车时，总想看看其他品牌是否有提供此功能以及此功能的表现，这是推敲可能性模式中哪一种说服方式奏效了？

A. 周边路径   B. 中央路径   C. 焦点策略   D. 强化路径

4. 小陈无意间经过上岛咖啡馆，刚煮好的咖啡散发着浓郁的香味，刺激小陈想买一杯咖啡来喝。上述情况是上岛咖啡馆试图影响消费者购买程序的哪一个阶段？

A. 需求确认   B. 购买决策   C. 方案评估   D. 心理需求

5. 劳力士（Rolex）从创立以来，一直致力于打造高级表的形象，这是考虑到哪一种社会文化因素？

A. 社会阶层   B. 社会角色   C. 文化   D. 次文化

6. 下列哪些叙述是指小明对 Apple 计算机的态度？①Apple 计算机价格昂贵；②我最喜欢 Apple 计算机了；③Apple 制造了全世界最棒的计算机；④Apple 计算机具有较快的处理速度。

A. ①②③   B. ①②③④   C. ③④   D. ②③

7. 真锅咖啡馆定位自己为一个与好友聚会放松的地方。以上的策略定位是为了满足马斯洛需求层级理论的_____。

    A. 自我实现需求   B. 安全需求   C. 社会需求   D. 自尊需求

8. 大金空调在广告中强调自己是变频冷气空调的日本第一，这样一方面可通过广告来强化消费者的信心，另一方面可避免消费者在购买后对其选择的决策产生_____，协助消费者强化其购买决策的信心。

    A. 满意行为   B. 失验效果   C. 认知风险   D. 认知失调

9. 樱花抽油烟机提供"免出门、油网永久免费送到家"的服务，这样一方面可通过广告来强化消费者的信心，另一方面可避免消费者在购买后对其选择的决策产生_____，协助消费者强化其购买决策的信心。

    A. 认知失调   B. 干扰效果   C 认知风险   D. 认知价值

10. 小君在购买香水时，除新推出的当季商品之外，对各大品牌的香水都已相当熟悉。其购买决策行为属于_____。

    A. 有限的决策行为   B. 习惯性决策行为

    C. 广泛的决策行为   D. 以上皆是

11. 小美与先生计划要去美国蜜月旅行，在他们的预算可负担的情况下，他们将在几个可能的方案中做出选择。小美坚持行程一定要包含尼亚加拉大瀑布，没有这个的行程则不考虑。请问小美的选择是一种_____的消费者选择行为。

    A. 期望价值   B. 非补偿性模式   C. 补偿性模式   D. 干扰因素

12. "原来生活可以更美的"，这是"美的"空调广告语，将品牌名称与消费者对于生活水平的要求，巧妙地结合在一起，主要目的是要善用下列哪一种消费者行为，增加品牌知名度？

    A. 选择性注意   B. 选择性曲解   C. 经验式学习   D. 刻板印象

13. 下列几项是宏基小笔电–Aspire One 的营销活动：①在地铁站架设大幅广告牌；②新闻报道，宏基将参加中国台北信息展；③在各大电视台播放广告；④在 Nova 信息广场展示 Aspire One 实体机；⑤Aspire One 荣获 2008 年"日本 Good Design 设计大赏"。若您想购买 Aspire One，上述信息哪一项属于商业信息来源？

    A. ①③④   B. ①②③④   C. ①③④⑤   D. ①②③④⑤

14. 小明看到广告牌上有名模林志玲的平面广告，不过却没注意到林志玲是替哪一家厂商或产品代言。这种现象称为_____。

    A. 选择性注意   B. 选择性曲解   C. 选择性保留   D. 月晕效果

15. 小美厌倦了某一品牌果汁的口味，想换一换新口味的果汁，不管是哪一个品牌都无所谓，只要是新口味即可。小美属于下列哪一类型的购买行为？

    A. 降低失调的购买行为   B. 复杂的购买行为

C. 寻求多样化的购买行为　　　　　　　　D. 习惯性购买行为

16. 喜欢蔡依林的歌迷，在听到有关蔡依林的负面消息时会选择加以淡化。这种现象称为_____。

　　A. 选择性暴露　　　　B. 选择性曲解　　　　C. 选择性保留　　　　D. 选择性记忆

17. 广告中某礼物伴随着情歌出现，营造充满爱的氛围，之后当消费者看到该礼物时，也会感受到爱的感觉。该礼物跟爱的联结是由于_____。

　　A. 操作制约　　　　B. 古典制约　　　　C. 共同制约　　　　D. 自我认知

18. 小勇是学校棒球队的成员之一，最近他注意到大部分的球友都买了最新款的名牌运动鞋，他也开始考虑要购买一双。小勇是受到下列哪一种力量所影响？

　　A. 考虑集合　　　　B. 个性　　　　C. 参考群体　　　　D. 自我认知

19. 当杨太太家中的洗碗剂用完时，她立刻联想起她上次在卖场看到大特价的洗碗剂品牌，此时杨太太正处于购买决策的哪一个阶段？

　　A. 可行方案评估　　　　B. 内部信息搜集　　　　C. 外部信息搜集　　　　D. 认知失调

20. 身为某便利商店的店长，小英发现商店对面的工地近日来有许多工人在持续施工，因而增加店内三洋维士比、康贝特等饮料的存货量，他是依据下列哪一种因素来推测消费者的购买需求？

　　A. 区域　　　　B. 职业　　　　C. 年龄　　　　D. 家庭

21. 某一卖场中，有一丈夫对妻子说："要不是5岁的小宝吵着要这家店所附赠的玩具，我根本不想买这家店的产品。你去买最便宜的产品，记得跟店员要小宝想要的那一种赠品。"在此购买情境中，小宝扮演下列哪一角色？

　　A. 提议者　　　　B. 出钱者　　　　C. 决策者　　　　D. 购买者

22. 某一卖场中，有一丈夫对妻子说："要不是5岁的小宝吵着要这家店所附赠的玩具，我根本不想买这家店的产品。你去买最便宜的产品，记得跟店员要小宝想要的那一种赠品。"但其妻子说："这种赠品的品质不好，还是不要买啦！"在此购买情境中，该妻子扮演下列哪一角色？

　　A. 提议者　　　　B. 影响者　　　　C. 决策者　　　　D. 购买者

23. 下列哪一种状况最容易使购买者产生认知失调？

　　A. 一个亿万富翁购买一间3000万元的豪宅

　　B. 一个男孩送给心仪已久的女孩3克拉钻石当生日礼物

　　C. 购买一包口香糖

　　D. 在自助餐店点菜

24. 厂商通过发送样本，希望促使消费者未来能购买该产品，这是希望产生下列哪一种效果？

A. 观念式学习　　　　B. 重复式学习　　　　C. 经验式学习　　　　D. 模拟式学习

25. 某药商不断地在收音机播放只有一句歌词的广告歌曲以推广其品牌名称为"止痛丹"的产品："止痛丹是好的止痛药"，这是希望产生下列哪一种效果？

A. 观念式学习　　　　B. 重复式学习　　　　C. 经验式学习　　　　D. 模拟式学习

26. 某药商用一个具有专业医师形象的代言人在其广告中说："止痛丹是全世界医师普遍推荐的止痛药"，以推广其品牌名称为"止痛丹"的产品，这是希望产生下列哪一种效果？

A. 观念式学习　　　　B. 重复式学习　　　　C. 经验式学习　　　　D. 模拟式学习

27. 某饮料商以北极熊为其广告中的吉祥物，强调其饮料消暑解渴的效果，这是希望产生下列哪一种效果？

A. 代理式学习　　　　B. 重复式学习　　　　C. 经验式学习　　　　D. 模拟式学习

28. 根据研究，如果广告的背景或音乐非常赏心悦目，则观众在看过此广告后，常常不知道这是哪个产品的广告，这种现象是因为＿＿＿＿＿＿＿。

A. 选择性注意　　　B. 选择性扭曲　　　C. 选择性保留　　　D. 选择性解读

29. 根据研究，许多人在选择餐厅或饮食店时，是以当时店内的顾客人数为主要决策依据。这是下列哪一种现象？

A. 观念式学习　　　　B. 重复式学习　　　　C. 经验式学习　　　　D. 模拟式学习

30. 面包店总是尽量将面包的香味散播到店面前的人行道上，尤其是在近晚餐的时段。这主要是希望引起什么效果？

A. 问题确认　　　　　　　　　　　B. 引起兴趣

C. 提高理解效果　　　　　　　　　D. 让顾客有深刻的印象

31. 某年轻人说："如果我不穿牛仔裤，我的朋友一定会说我看起来很古板，不跟我交往。"这个年轻人的朋友扮演什么角色？

A. 信息型参考群体　　　　　　　　B. 规范型参考群体

C. 比较型参考群体　　　　　　　　D. 虚拟社区参考群体

32. 在便利商店中，5岁的小洁向妈妈吵着要买冰淇淋但被妈妈拒绝了，最后是爸爸决定出钱买冰淇淋给小洁，小洁才停止哭闹。在此购买情境中，爸爸不属于下列哪一种角色？

A. 出钱者　　　　　B. 提议者　　　　　C. 决策者　　　　　D. 购买者

33. 王小咪在每次出国旅游前，都会再三向委托的旅行社确认所有代办事项，并为自己与同行的亲友投保旅游保险。此行为符合马斯洛（Maslow）需要层级理论的哪一个阶段？

A. 生理需要　　　　B. 社会需要　　　　C. 安全需要　　　　D. 自我实现需要

34. 萱萱是赵氏财团的长媳，她认为只有名牌服饰才能衬托出她的身份地位。这是受到下列哪一种因素的影响？

    A. 自我概念   B. 个人知觉   C. 生活形态   D. 人格特质

35. 优雅精灵王思平与时尚王子锦荣平常忙于工作，二人出席华为集团最薄智能型手机上市发表会，华为找王思平与锦荣代言其手机的产品，是消费者行为中_____理论的策略应用。通过两位的代言，让消费者在低涉入的情况下，逐渐对其品牌产生好感。

    A. 周边路径   B. 参考团体   C. 从众行为   D. 中央路径

36. 一个医生放弃在大都市受人尊敬的高薪职位，而到偏远地区行医、服务贫穷病人，这可能是为了下列哪一种动机？

    A. 生理需要   B. 社会需要   C. 自我实现需要   D. 差异化需要

37. 不同产品类别的广告，通常会采用不同的广告媒体或时段，这是因为_____。

    A. 月晕效果   B. 选择性注意效果   C. 刻板印象效果   D. 集中化效果

38. 小英对于家里现有的电视品牌非常满意。该品牌在市场上推出一种新产品，小英虽未曾使用过，也未征询别人的意见，但直觉上对此新产品有好感。这一现象可能不是由于下列哪一种效果造成的？

    A. 品牌延伸效果   B. 月晕效果   C. 选择性曲解   D. 正面增强效果

39. 小李说："不管价格再贵或怎么样，我就是要买这个品牌的衣服。"下列哪一种现象可以解释小李的购买行为？

    A. 自我实现的满足   B. 非补偿性决策准则

    C. 认知失调   D. 品牌来源国效果

40. 小李说："虽然这个品牌的衣服价格很高，但是其衣服款式很符合我的身材，我还是很愿意购买。"下列哪一种现象可以解释小李的购买行为？

    A. 生理需求的满足   B. 补偿性决策准则

    C. 认知失调   D. 品牌来源国效果

41. 服饰店将贩卖的衣服穿在假人模特儿身上或餐厅在其广告橱柜内摆满菜肴的样品，不是为了下列哪一种效果？

    A. 引起注意   B. 避免选择性曲解

    C. 产生正确的信念   D. 避免认知失调

42. 甲对乙说："虽然那个店员出的价格真的很便宜，但我想不出来有什么适合的场合可以穿，所以我还是不想买那件衣服。"下列哪一项叙述是正确的？

    A. 价格对于某甲而言是激励因素

    B. 甲对于那件衣服的购买与否，是采取补偿性决策准则

    C. 甲考虑到那件衣服是否能满足社会需求

    D. 甲是考虑功能风险

43. 某品牌的沐浴乳以婴儿作为其包装图案，强调用了该沐浴乳也能有像婴儿般娇嫩柔滑的肌肤。这是希望产生下列哪一种效果？

    A. 经验式学习   B. 代理式学习   C. 模拟式学习   D. 重复式学习

44. 亚洲营销顾问公司将进行一份上海饮食习惯的市场调查，其问卷中包含了 AIO 量表。AIO 量表是用来衡量_____。

    A. 生活形态   B. 品牌偏好   C. 顾客满意度   D. 社经地位

[章节详解]

1.（C）【题解】消费者的涉入程度是消费者对营销刺激响应所投入的心力与主动处理的程度。

2.（A）【题解】消费者的涉入程度是消费者对营销刺激响应所投入的心力与主动处理的程度。

3.（B）【题解】中央路径，态度形成或改变涉及较多的思考，是基于对产品或服务最重要信息用心、理性的考虑。

4.（A）【题解】消费者的消费行为经过五个阶段：需求确认、信息寻求、可行方案评估、购买决策及购后行为。购买程序始于购买者确认问题或需要的存在，需要可由内在或外在刺激引起。

5.（A）【题解】社会阶层是一种反映社会地位的分群结构，而同一阶层的人有类似的价值观念、兴趣、生活方式等。

6.（D）【题解】"态度"是指对特定事物的感受和评价，可分为正、反两面，它也是一种行为倾向。本题中②③说明了小明对 Apple 计算机的态度。

7.（C）【题解】社会需求，爱人与被爱，能被团体接纳的需求。

8.（D）【题解】认知失调是人们购买后的一种正常心理反应，为了能够尽快脱离忐忑不安的紧张状态，消费者也会采取一些行动来降低认知失调，有的人会去搜集有利的信息来强化自己的信心，有的人会不断地自我催眠或合理化自己的购买行为状态。

9.（A）【题解】认知失调是人们购买后的一种正常心理反应，为了能够尽快脱离忐忑不安的紧张状态，消费者也会采取一些行动来降低认知失调，有的人会去搜集有利的信息来强化自己的信心，有的人会不断地自我催眠或合理化自己的购买行为状态。

10.（A）【题解】消费者如对所欲购买的商品已有相当知识时，其做决策所需信息较少，故所经历的决策阶段也较有限。

11.（B）【题解】期望值模式是一种补偿性模式，认为产品好的部分可补足差的部分。消费者选择的非补偿性模式中，正面与负面的态度无法加总计算。

12.（A）【题解】此广告用语利用消费者对于生活水平的要求，引起消费者对此广告的注意。

13.（A）【题解】②和⑤属于公共来源。

14.（A）【题解】选择性注意是指对眼前事物，个人只注意其有兴趣的事物，而忽略掉其他的信息。

15.（C）【题解】寻求多样化的购买行为，通常发生于消费者属于低涉入者，而且了解品牌间存在显著的差异时。

16.（B）【题解】选择性曲解指消费者在接获信息时，会将某些信息加以调整及解释，以符合自己内心的想法。

17.（B）【题解】古典制约的过程是将两种刺激伴随出现，使得某一刺激也会与另一刺激一样，让消费者产生相同的反应。

18.（C）【题解】会影响消费者个人购买行为的群体称为参考群体，消费者会通过购买某些产品或品牌来将自己视为某群体的一分子，即观察参考群体的成员来学习或决定如何消费。

19.（B）【题解】消费者在产生购买需求动机之后，会开始向内部（从记忆）搜集信息，或向外部（向朋友家人打听，或搜集市场信息），以满足其需要的信息或答案。

20.（B）【题解】消费者的购买需求可依人口变量、心理变量、地理变量及行为变量（如品牌忠诚度）来区隔与预测。

21.（A）【题解】（A）提议者，为最先提议购买产品的人；（B）出钱者，为实际付账的人，由题目无法确定谁是出钱者；（C）决策者，是指对于是否要买、购买的内容有最后决定权的人；（D）购买者，是指采取实际行动去购买的人。

22.（B）【题解】（A）提议者，为最先提议购买产品的人；（B）影响者，为提出意见左右购买决策的人；（C）决策者，是指对于是否要买、购买的内容有最后决定权的人；（D）购买者，是指采取实际行动去购买的人。

23.（B）【题解】认知失调，容易发生在昂贵、重要的、购后失败不易挽回等产品的购买。

24.（C）【题解】（A）观念式学习，主要通过外来信息或观察他人行为而学习；（B）重复式学习，是指以重复的信息（如口号、街头广告牌）建立消费者的产品概念；（C）经验式学习，是通过实际的体验而产生行为的改变；（D）模拟式学习，主要是通过其他的事物，彰显所欲传达事务的意义。

25.（B）【题解】（A）观念式学习，主要通过外来信息或观察他人行为而学习；（B）重复式学习，是指以重复的信息（如口号、街头广告牌）建立消费者的产品概念；（C）经验式学习，是通过实际的体验而产生行为的改变；（D）模拟式学习，主要是通过其他的事物，彰显所欲传达事务的意义。

26.（A）【题解】（A）观念式学习，主要通过外来信息或观察他人行为而学习；（B）重复式学习，是指以重复的信息（如口号、街头广告牌）建立消费者的产品概念；（C）经验式学习，是通过实际的体验而产生行为的改变；（D）模拟式学习，主要是通过其他的事物，彰显所欲传达事务的意义。

27. （D）【题解】（A）观念式学习，主要通过外来信息或观察他人行为而学习；（B）重复式学习，是指以重复的信息（如口号、街头广告牌）建立消费者的产品概念；（C）经验式学习，是通过实际的体验而产生行为的改变；（D）模拟式学习，主要是通过其他的事物，彰显所欲传达事务的意义。

28. （A）【题解】（B）选择性扭曲，是以自己的理念解释甚至歪曲信息的意义；（C）选择性保留，是信息被注意、解读后，过了一段时间后，只保留支持自己理念与态度的信息。

29. （A）【题解】（A）观念式学习，主要通过外来信息或观察他人行为而学习；（B）重复式学习，是指以重复的信息（如口号、街头广告牌）建立消费者的产品概念；（C）经验式学习，是通过实际的体验而产生行为的改变；（D）模拟式学习，主要是通过其他的事物，彰显所欲传达事务的意义。

30. （A）【题解】（A）问题确认。下班时刻正是晚饭前、空腹时段。闻到面包香味，容易引起饥饿感，引发问题确认。

31. （B）【题解】（A）信息型参考群体，是指提供可信赖的信息；（B）规范型参考群体，是指借由社会压力或赏罚权力而影响他人的行为；（C）比较型参考群体，是指仰慕或排斥的群体；（D）虚拟社区参考群体，是指计算机网络中的参考群体。

32. （B）【题解】（A）出钱者，为实际付账的人；（B）提议者，为最先提议购买产品的人；（C）决策者，是指对于是否要买、购买的内容有最后决定权的人；（D）购买者，是指采取实际行动去购买的人。

33. （C）【题解】安全需要为人类要求保障自身安全、摆脱丧失财产威胁等方面的需要。题中王小咪向旅行社再三确认投保旅游保险的行为是为了避免财产丧失与保障自身安全，符合马斯洛（Maslow）的安全需要层级。

34. （A）【题解】自我概念意指人们所拥有的东西可强化出他的自我，亦即我们所拥有的显现出我们是怎样的人。本题中萱萱认为限量的名牌商品、高贵的形象可显现出她的身份地位，这是受到自我概念因素的影响。

35. （A）【题解】周边路径，态度形成或改变思考较少，是对品牌正面或负面周边线索联想的结果。对消费者的周边路径线索的最佳实例是名人背书、可信来源或给予正面情感的任何标的物。

36. （C）【题解】（A）生理需要，是指温饱、解渴、睡眠等生理层面需求的满足；（B）社会需要，是指能够爱人与被爱、能被团体接受；（C）自我实现，是指发挥潜力，实现梦想；（D）差异化，是指以竞争者不同的产品形式、定位等，提高竞争力并避免竞争。

37.（B）【题解】不同广告媒体或时段的阅听人会有不同的需求，因此会有选择性注意效果。

38.（D）【题解】（D）正面增强效果是指对于行为结果感到满意，学习将更有效率，效果也越持久。

39.（B）【题解】（B）非补偿决策准则是指消费者只以一种条件决定是否购买，其他条件并无法补偿关键条件的不足。

40.（B）【题解】（B）补偿决策准则是指消费者以多种条件决定是否购买，较优越的条件可以补偿其他条件的不足。

41.（D）【题解】（D）认知失调，容易发生在昂贵、重要的、购后失败不易挽回等产品的购买。因此认知失调应与本题无关。

42.（C）【题解】（A）虽然降价，甲还是不满意，是保健因素；（B）是采取非补偿性决策准则；（D）考虑社会风险。

43.（C）【题解】（A）经验式学习，是通过实际的体验而产生行为的改变；（B）代理式学习，主要通过外来信息或观察他人行为而学习；（C）模拟式学习，主要是通过其他的事物，彰显所欲传达事务的意义；（D）重复式学习，是指以重复的信息（如口号、街头广告牌）建立消费者的产品概念。

44.（A）【题解】学者专家通常通过衡量 AIO 等构面来描绘消费者的生活形态，所谓的 AIO，指活动（Activities）、兴趣（Interests），以及意见（Opinions）。

第四章 产品战略

1. 小米手机鼓励每位员工积极寻求创新产品的创意。一旦产生可行的构想，小米便汇集一群来自研发、制造、行销、财务等不同部门的人员，组成一个"创意小组"。该小组负责设计产品，以缩短上市时间，增进效能。此做法的概念源自_____。

A. 同步产品发展　　　　B. 顺序化产品发展　　C. 脑力激荡　　　　　D. 焦点群体

2. 虽然快餐市场已经进入产品生命周期的成熟阶段，但"老娘舅"等快餐品牌仍在市场上占有一席之地，主要原因为_____。

A. 花费大量费用在广告宣传上　　　　　B. 符合当地居民的口味与需求

C. 与肯德基、麦当劳势不两立　　　　　D. 瞄准年轻而富裕的贵妇

3. 下列哪一项不属于厂商克服服务无形性的范例？

A. 万达影城配置高级的影音设备　　　　B. 某高档餐厅使用高级餐具盛装餐点

C. 君悦酒店设计豪华的大厅　　　　　　D. 屈臣氏买贵退两倍差价的政策

4. 七匹狼近年来在男装的设计上有了不同于以往的风格呈现，不仅推出了一系列新款男装，而且拍了许多国际化的广告，其目的是期望打入年轻人群，脱离传统守旧的既定形象。七匹狼男装的例子为新产品的哪一种类型？

A. 不连续的创新　　　　　　　　　　　B. 产品的重新定位

C. 低价产品　　　　　　　　　　　　　D. 现有产品的改良与修正

5. 某家新成立的爆米花店，为提高消费者的购买意愿，在各个地铁站口发放试吃包。此举是期望通过哪一种方式加速消费者的接受度？

A. 兼容性　　　　　　B. 可尝试性　　　　　C. 复杂性　　　　　D. 可观察性

6. 以笔记本电脑为例，当第一家研发出笔记本电脑的厂商成功地激发起消费者对于笔记本电脑的初级需求之后，品牌厂商应该在产品生命周期里的哪一个阶段努力吸引消费者对于自身品牌的选择性需求？

A. 导入阶段　　　　　B. 成长阶段　　　　　C. 成熟阶段　　　　　D. 停滞阶段

7. 某家日用产品公司过去以质纯温和不伤宝宝细嫩皮肤为诉求设计婴儿清洁用品，近年来锁定成人市场并推出新的系列产品。这属于下列哪一种类型的新产品战略？

A. 不连续的创新   B. 产品线的一致性

C. 重新定位   D. 现有产品的改良

8. 宝洁公司推出新的洗发露产品，并派员在街上发放试用包。此举是期望通过下列哪一种方式加速消费者的接受度？

A. 兼容性   B. 可尝试性   C. 兴趣性   D. 可观察性

9. 知名品牌的智能型手机，在新款推出时常常采取高价战略，下列哪一项不是原因之一？

A. 厂商想利用高价格代表高质量的消费者认知

B. 智能型手机属于同构型选购品

C. 锁定创新用户为目标市场

D. 核心零组件与先期研发成本，提高单位生产成本

10. 康师傅方便面针对"金典美味系列"推出了许多深受欢迎的口味，最近又推出了泡椒牛肉面和酸菜牛肉面。此举是新产品分类中的哪一种？

A. 补强现有产品线的产品   B. 新的产品线

C. 产品重新定位   D. 低价产品

11. 许多彩妆大厂的粉饼几乎每两三年就会推出新一代改良版，以添加新成分或再进化为理由，借以取代旧款。此为_____。

A. 补强现有产品线的产品   B. 现有产品的改良或修正

C. 产品重新定位   D. 新的产品线

12. 某披萨店研发了一款新口味披萨，为了了解潜在顾客的反应，选定了一些城市进行预先销售，并以此作为该产品是否具有在全国上市条件的判断依据。上述实例是新产品发展程序中的哪一个步骤？

A. 创意的筛选   B. 试销   C. 发展   D. 商业分析

13. 有一家成衣厂专门生产女性服饰。某日，该厂商邀集了九位老主顾汇聚一堂，在销售经理的引导下畅谈他们对公司现有产品的意见与开发新服饰的建议。此研究技术为_____。

A. 焦点小组   B. 产品发展   C. 商业分析   D. 概念测试

14. 每当 LV、Chanel、Gucci 等知名品牌推出新产品时，总有特定人群的消费者迫不及待地在第一时间抢购，以期能将最新采购而来的商品展示给亲朋好友。下列哪一种特性有助于这类新产品的采用速度？

A. 兼容性   B. 可比较性   C. 复杂性   D. 可观察性

15. 小明是个从来不用智能手机的大一新生，今年上大学后看到同学们几乎人手一部智能手机，小明就回家央求爸爸买一部智能手机给他。小明属于下列哪一种类型的采用者？

A. 创新者　　　　　　B. 落后者　　　　　　C. 早期大众　　　　　　D. 晚期大众

16. 奥利奥推出新口味"薄荷香草"，小红一看到新口味饼干推出，尝鲜心态作祟，二话不说，马上从商店的架上拿走三大包。小红属于下列哪一种类型的采用者？

A. 创新者　　　　　　B. 落后者　　　　　　C. 早期大众　　　　　　D. 晚期大众

17. 下列哪一种新产品的可尝试性最低？

A. 网络聊天室　　　　B. 低脂冰淇淋　　　　C. 助听器　　　　　　　D. 宠物罐头

18. 下列哪一项产品可能已经进入产品生命周期的衰退阶段？

A. 吹风机　　　　　　B. 录音带　　　　　　C. 智能手机　　　　　　D. 手表

19. 下列哪一项产品是便利品的最好实例？

A. 购买订婚戒指　　　B. 洗发露　　　　　　C. 音响设备　　　　　　D. 新钢琴

20. 小新想买一台电暖器，他每天都在报纸上搜寻哪一家商店有电暖器的折价广告。对小新而言，电暖器是下列哪一种类型的商品？

A. 选购品　　　　　　B. 便利品　　　　　　C. 组成品　　　　　　　D 特殊品

21. 对多数消费者而言，下列哪一项商品属于选购品？

A. 电灯泡　　　　　　B. 卫生纸　　　　　　C. 影印纸　　　　　　　D. 空调

22. 当消费者对人寿保险还不是很了解时，多半将其视为忽略品，但随着信息越来越发达，人们对于人寿保险越来越了解之后，保险已经逐渐变成下列哪一种商品？

A. 便利品　　　　　　B. 忽略品　　　　　　C. 选购品　　　　　　　D. 特殊品

23. A 公司是属于服务型的组织，专门替各大企业的中高阶主管进行"团队建构"的课程训练，此课程为期一天，其目的是训练各主管如何与他人共事。参与者在团队建构课程中的训练成效较适合用下列哪一项指标评价？

A. 经验　　　　　　　B. 探索　　　　　　　C. 资讯　　　　　　　　D. 评价

24. 某家甜点公司新辟一条生产线生产鲜奶布丁，你该用下面哪一个观点来说服老板，包装的优劣是增加布丁销售量的关键？

A. 包装不会引起环境伤害　　　　　　　　B. 可以让产品易于运送与储藏

C. 符合政府法规　　　　　　　　　　　　D. 有设计感的包装可提高产品的吸引力

25. 对多数消费者而言，下列哪一项商品属于选购品？

A. 手机　　　　　　　B. 电池　　　　　　　C. 运动饮料　　　　　　D. 节能灯泡

26. 立顿（Lipton）的制造商研发出新口味的立顿绝品醇奶茶比利时风情巧克力味，这类的产品＿＿＿＿＿＿。

A. 为补强现有产品线的范例

B. 在人员销售还没起跑前，暂时不会被市场所接受

C. 因为立顿的品牌很有名，所以无论销售到哪个国家都不会有问题

D. 为全新发明的新产品

27. 某家知名冰淇淋公司，打算推出"咸冰淇淋"，包含咖喱口味、牛肉口味、芥末口味等新产品。下列产品特性中哪一项在消费者能否接受该新口味产品中扮演着关键因素？

A. 兼容性　　　　　　B. 可比较性　　　　　　C. 复杂性　　　　　　D. 可观察性

28. 下列哪一项是避免"成熟阶段"的产品进入"衰退阶段"的实际例子？

A. 海飞丝鼓励消费者天天洗发，以提高使用频率

B. 强生婴儿洗发露通过"温和"的诉求，成功打入成人市场

C. 手机原本只用来打电话，后来陆续开发出其他功能（如照相、上网等），以此来扩大产品的使用情形

D. 以上皆是

29. 下列哪一项不属于产品线延伸的例子？

A. 伊利推出了特仑苏纯牛奶

B. 太太乐鸡精推出鲜之蔬

C. 蒙牛推出巧克力、果汁、麦芽等新口味调味乳

D. 海尔推出新型笔记本电脑

30. 下列的品牌名称中，哪一项是属于家族品牌？

A. 惠氏 S-26　　　　B. 长虹　　　　　　C. 帮宝适　　　　　　D. 沙宣

31. 某公司推出一款新型的折叠式脚踏车，在产品说明会上示范如何简单快速地组装与收纳该脚踏车。该厂商试图解除消费大众对该新产品的哪一种疑虑？

A. 兼容性　　　　　　B. 可比较性　　　　　　C. 复杂性　　　　　　D. 可尝试性

32. 某家宠物食品制造公司的营销经理期望能规划营销战略，以应对宠物食品已进入产品生命周期的成熟阶段，他应该如何做？

A. 当产品在成熟阶段时，可添加新的成分以吸引消费者

B. 开始在每个地方试销新产品，而现存的产品就让它进入成熟阶段

C. 当产品进入成熟阶段后，改变所有的自有品牌至无名品牌

D. 当产品进入导入阶段时，开始对产品线进行延伸

33. 某连锁饮料店为推出新的夏季饮品，在汇集各方信息后，发现有五种新的食材可加入饮料中。在评估成本、原料来源、食材新鲜性与消费大众的接受度后，决定加入芒果来推出新饮品。此过程为新产品开发流程的哪一个步骤？

A. 开发　　　　　　B. 创意的产生　　　　　　C. 创意的筛选　　　　　　D. 商业分析

34. 假如你是吹风机制造商的产品经理，该产品已经进入产品生命周期的成熟阶段，你要采取下列哪一种战略避免产品进入衰退阶段？

A. 运用推广来刺激消费者的初级需求　　　　　　B. 加强对经销商与消费者的推广活动

C. 提高吹风机的价格   D. 排除所有不必要的推广支出

35. Sony DVD 录放机、丰田汽车（Toyota Cressida）、普吉岛度假饭店、星巴克摩卡（Mocha）咖啡、花旗银行在线投资服务，以及家庭医师的医疗服务，以上皆属于下列哪一选项？

A. 服务   B. 产品   C. 商标   D. 构想

36. 若甲公司的产品原本作为一种隔水抗锈剂，但产品上市后发现可被当作轻度润滑用油或溶剂、清洁剂，反而在激烈的市场竞争中找到品牌差异处。甲公司正处于产品生命周期的哪一阶段？

A. 导入期   B. 成长期   C. 成熟期   D. 衰退期

37. 下列哪一种产品正处于产品生命周期的衰退期？

A. 移动电话   B. 高清晰度电视（HDTV）

C. 3.5 英寸磁盘片   D. 电动车

38. SONY 公司提供消费者产品保证书、使用说明书，并在必要时提供快速的维修服务，以及免费的客服专线。此即 SONY 通过提供额外的消费者服务及利益，以建立下列哪一种产品层次上的差异？

A. 核心利益   B. 实质产品   C. 产品印象   D. 增值产品

39. 下列叙述中，哪一项不是品牌名称对消费者的益处？

A. 帮助消费者易于辨认产品

B. 帮助销售者做市场区隔

C. 当消费者购买相同品牌时，可确保获得相同特色、利益和质量

D. 有助消费者日后的品牌回想

40. 下列哪一项不是包装的功能？

A. 辨识产品或品牌

B. 描述关于此产品的制造厂商、时间与地点

C. 通过较具吸引力的图片促销产品

D. 以上皆非

41. 露华浓（Revlon）彩妆的创办人 Charles Revson，曾说过："在工厂，我们制作化妆品；在店里，我们卖的是希望。"此处所提的"希望"是产品三层次中的哪一个层次？

A. 实质产品   B. 核心利益   C. 增值产品   D. 基本利益

42. 消费者通常愿意多花时间和精力去寻求兰博基尼（Lamborghini）跑车，且比较不愿以其他品牌代替，所以该产品属于_____。

A. 忽略品   B. 特殊品   C. 选购品   D. 便利品

43. 保险产品、生前契约这类型的产品常需要大量高度说服性的广告、积极的人员销

售和其他营销推广，才会引起消费者注意，此类型产品属于_____。

A. 选购品
B. 特殊品
C. 便利品
D. 非渴求品、忽略品

44. 消费者因为居家个人使用而购买割草机，如果相同的消费者为了商业上的景观美化而购买割草机，则此两种购买情境下的割草机分别属于_____。

A. 非渴求品；工业品
B. 搜索品；消费品
C. 消费品；工业品
D. 工业品；消费品

45. 润滑油、垫片、煤炭等，属于工业品中的_____。

A. 资本设备
B. 原物料与零组件
C. 耗材
D. 辅助设备

46. 当我们说宝洁公司（Procter & Gamble）所有的产品线共有 250 个品牌组成时，是在描述该公司的下列哪一种战略？

A. 产品线
B. 产品组合
C. 产品线深度
D. 品牌族群

47. 当我们说宝洁公司（Procter & Gamble）的消费品来自相同的零售渠道时，是对产品组合战略中的哪一种维度的分析？

A. 不一致性
B. 广度
C. 深度
D. 一致性

48. 即使必须大老远跑一趟才能买到兰博基尼跑车亦在所不惜，对这些顾客而言，这款车在其心中是_____。

A. 非主动搜寻品
B. 选购品
C. 特殊品
D. 便利品

49. "将新产品导入市场需要时间与金钱的大量投资，也需建立或租用工厂设施，投入广告和促销等营销努力"，以上描述表示新产品开发已进入下列哪一个阶段？

A. 点子筛选
B. 产品发展
C. 概念发展与测试
D. 商业化

50. 喜庆礼品的包装以红色为主，此种包装的主要作用在于_____。

A. 保护产品
B. 传达产品知识
C. 树立形象，推广产品
D. 提供质量保证

51. 强生公司将其婴儿洗发露引进成人市场，以增加现有产品的消费量，这是下列哪一种战略？

A. 产品调整
B. 市场调整
C. 定价战略的调整
D. 渠道的调整

[章节详解]

1.（A）【题解】同步产品发展法又称协同产品发展法。通过跨部门的成员合作，将发展步骤加以重叠，并同步化进行，以节省时间、增加效能，直到新产品顺利推出为止。

2.（B）【题解】当产品进入成熟阶段时，利基市场开始出现。找出定义明确且未被发掘的市场区隔，是产品稳固的战略之一。

3.（D）【题解】为了克服无形化的特性，服务业者可采用一些有形性的元素来强调服务品质。

4.（B）【题解】产品的重新定位意指将现有产品锁定在新的市场或新的区隔。

5.（B）【题解】可尝试性意指产品能在有限的基础上进行试用。

6.（B）【题解】在导入阶段应该要完成的是刺激消费者的初级需求；在成长阶段则需处理消费者的选择性需求。

7.（C）【题解】产品的重新定位意指将现有产品锁定在新的市场或新的区隔。

8.（B）【题解】可尝试性意指产品能在有限的基础上进行试用。

9.（B）【题解】同构型选购品是指价格是最有效辨认品牌差异的产品属性，厂商必须通过压低价格吸引顾客购买。

10.（A）【题解】补强现有产品线的产品，如洗衣粉后推出洗衣锭。

11.（B）【题解】现有产品的改良与修正意指改良既有产品，可能仅是微幅修改，也可能是大幅改善。

12.（B）【题解】试销是将产品和行销计划小规模的导入市场，以确认潜在顾客的反应，并决定是否该正式上市的行动依据。

13.（A）【题解】焦点群体的目的是通过群体相互作用的谈论来刺激洞察力。焦点群体通常由 7~10 人组成，有时候讨论过程会产生很好的构想。

14.（D）【题解】可观察性意指产品利益或使用产品的结果能被其他人观察到，且可向目标顾客沟通的程度。例如，时尚产品就比个人保健用品的外显性高许多，也较容易观察。

15.（D）【题解】晚期大众要等到多数朋友都已经采用某产品，才会受到群体规范去接纳一个新产品。

16.（A）【题解】创新者是所有采用者当中最早开始采用的消费者。创新者很喜欢尝试新的构想，较不会依赖群体规范。

17.（C）【题解】可尝试性意指产品能在有限的基础上进行试用。

18.（B）【题解】当销售量呈现长期衰退，且因为消费者的口味改变或被替代品所取代，都表示产品已经落入衰退阶段。

19.（B）【题解】便利品是指相对便宜且不值得投入太多购买努力的产品。

20.（A）【题解】选购品是指消费者在购买的过程中，会刻意地比较适用性、价格品质与式样，并且会花费比较多的心思在搜集与探听资讯上的产品。

21.（D）【题解】选购品是指消费者在购买的过程中，会刻意地比较适用性、价格品质与式样，并且会花费比较多的心思在搜集与探听资讯上的产品。

22．（C）【题解】选购品是指消费者在购买的过程中，会刻意地比较适用性、价格品质与式样，并且会花费比较多的心思在搜集与探听资讯上的产品。

23．（A）【题解】唯有经历过训练后，参与者才能分享他们从中获得什么。

24．（D）【题解】包装是利用设计、颜色、形状与材料去试图影响消费者的知觉与购买行为。

25．（A）【题解】选购品是指消费者在购买的过程中，会刻意地比较适用性、价格品质与式样，并且会花费比较多的心思在搜集与探听资讯上的产品。

26．（A）【题解】新产品可通过改良与修正现有产品而得。

27．（A）【题解】兼容性意指新产品与现有价值观、产品知识、过去经验和现在的需求兼容的程度。

28．（D）【题解】当产品进入成熟阶段时，为避免产品太快进入衰退阶段，必须加强与经销商和消费者的推广活动或进行市场、产品与行销组合的修正。

29．（D）【题解】产品线延伸是指在既有的产品线范畴里，发展与既有产品密切相关，但却以满足不同顾客需求为主要考虑的产品。

30．（B）【题解】帮宝适和沙宣是个别品牌，惠氏 S-26 是混合品牌。

31．（C）【题解】复杂性是指消费者了解或使用新产品的难易度。

32．（A）【题解】产品在成熟阶段时，产品线会延长以迎合更多的市场区隔。

33．（C）【题解】创意筛选的目的是期望通过此步骤筛选出具有吸引力又可行的创意，以提供进一步的检视与分析。

34．（B）【题解】当产品进入成熟阶段时，为避免过早进入衰退阶段，必须加强对经销商和消费者的推广活动。

35．（B）【题解】产品的形式很多，包括实体产品（如计算机、运动鞋）、无形服务（如美容、减肥）、人物（如候选人）、活动（如奥运会）等。

36．（C）【题解】成熟期的营销战略推广，是大量强调品牌差异，鼓励竞争者的顾客转换品牌，积极维系自己的市场占有率。

37．（C）【题解】衰退期销售量趋于下降，渠道只剩获利较佳的渠道。

38．（D）【题解】增值产品是指为了与竞争者有效竞争，所发展出来的产品属性，亦即为了与竞争者竞争，在产品属性上作修改或新增，以便和竞争者有所区分。

39．（B）【题解】品牌命名无法为产品做市场区隔。

40．（D）【题解】包装主要具有以下功能：①容纳与保护产品；②辨识与促销产品；③易于运送、储存、使用和其他功能。

41．（B）【题解】核心利益意指营销人员应找出隐藏在产品表面下的真正需求，提供核心利益或解决问题的服务。

42.（B）【题解】特殊品是指产品因具有某些特色及（或）独特品牌，而使消费者愿意特别费心去购买该品牌，且比较不愿以其他品牌代替。

43.（D）【题解】非渴求品、忽略品是指消费者目前还不知道或是知道而尚未有兴趣购买的产品，往往到其广告和渠道普及后，才开始引起消费者的注意与兴趣。

44.（C）【题解】消费品为基于个人目的消费的产品及服务。工业品为基于工业用途目的所做的消费。

45.（C）【题解】耗材是制造过程中所必须使用的一些消耗性产品。

46.（B）【题解】产品组合是指某一卖方所销售的全部产品。

47.（D）【题解】一致性是指产品组合内，各产品线在最终用途、生产需求、营销渠道与其他方面的关联程度。

48.（C）【题解】（C）特殊品，特定族群会购买或使用的产品。

49.（D）【题解】投入广告和促销，即开始商业化模式。

50.（C）【题解】包装的外形、材料、设计等可以用来建立企业或产品形象，协助推广产品。

51.（B）【题解】将婴儿洗发露引进成人市场属（B）市场调整。

第五章　品牌战略

1. 美国苹果（Apple）公司在不同的产品市场中推出不同系列的品牌产品，例如，Apple iPhone、Apple iTunes 和 Apple iPad 等，美国苹果公司这样的品牌结构战略称为_____。

A. 副品牌　　　　　　B. 母品牌　　　　　　C. 个别品牌战略　　　D. 伞状品牌

2. Super tiger 为一个啤酒品牌，近来广告内容主打年轻人在艳阳高照的沙滩上喝啤酒，其广告的主要作用在于_____。

A. 建立品牌使用情境　　　　　　　　B. 建立品牌功效

C. 塑造品牌历史与传承经验　　　　　D. 发展品牌人群

3. 广海为一家液晶电视组装厂商，提供液晶电视品牌商组装服务，近来为了提升企业营收，在市场上提供低价的无商标品牌的电视进行贩卖。此做法称为_____。

A. 白牌　　　　B. 私有品牌　　　　C. 共同品牌　　　　D. 品牌授权

4. 某平价连锁店推出"便宜一样有好货"的广告，以做实验的方法，证明价格便宜，但和其他零售渠道有相同质量保证。此种做法最符合下列哪一种定位基础？

A. 品牌个性　　　B. 属性功能　　　C. 使用者　　　D. 竞争者

5. 中秋节将至，某医院研发"无反式脂肪酸"健康养生月饼，宣称比起一般市售月饼热量减少一半，是追求养生的消费者的最佳选择。此种做法最不符合下列哪一种定位基础？

A. 品牌个性　　　B. 属性功能　　　C. 使用者　　　D. 竞争者

6. Gucci 为一个具有高质量且有良好声誉的时尚服饰品牌，并选择时尚饰品作为品牌延伸的对象，饰品在市场上的价格定位和服饰也是相当一致，这样的延伸战略主要作用在于_____。

A. 避免品牌稀释　　　　　　　　B. 打击竞争对手

C. 提升品牌知名度　　　　　　　D. 强化消费者知觉质量

7. EX Car 为一国际汽车集团，旗下 X Car 定位大众平民汽车品牌，定价战略走低价路线。目前为了持续维持企业成长而决定选择进军高级奢华汽车市场，在品牌发展战略上应该选择下列哪一种战略较佳？

A. 设立新品牌　　　　　　　　　　　B. 延用既有 X Car 的品牌

C. 采用既有集团 EX Car 的品牌　　　　D. 以上皆非

8. SV 为一奢华时尚品牌，此品牌应该较适宜采取下列哪一种品牌定价和促销战略？

A. 高单价高折扣　　　　　　　　　　B. 低单价低折扣

C. 高单价低折扣　　　　　　　　　　D. 低单价高折扣

9. 辣王为一麻辣火锅连锁品牌，公司董事会近来想扩张事业版图投资日本料理餐饮服务，该公司在拓展日本料理事业的品牌战略应选择下列哪一种较为合适？

A. 沿用既有的辣王品牌　　　　　　　B. 采用新的品牌

C. 沿用母品牌辣王并加上一个新的名称　D. 直接使用国外知名日本料理品牌

10. 根据品牌特质的四大维度分析 iPod 的品牌定位，下列叙述哪一项不正确？

A. 属性：产品外观以白色为主　　　　B. 功能：低价位 MP3

C. 利益：随时享受高质量的音乐　　　D. 个性：时尚品位的象征

11. 品牌所传达的不仅是名称和标志，更重要的是品牌特质。下列哪一种品牌联想不符合厂商所欲传达的特质？

A. HANG TEN：美国中价位服饰　　　B. Armani：来自意大利的高级服饰

C. ZARA：来自西班牙的平价时尚服饰　D. 波司登：来自中国的平价女装服饰

12. 雷克萨斯（Lexus）汽车经常是美国豪华车市场的销售冠军，虽是丰田（Toyota）集团的汽车，但其营销战略并不强调二者的从属关系。下列叙述哪一项不正确？

A. 雷克萨斯汽车在丰田集团旗下属于高价格定位

B. 雷克萨斯汽车与丰田汽车的定位不太相同

C. 雷克萨斯汽车是丰田汽车的品牌延伸

D. 雷克萨斯汽车是丰田汽车主打高级休旅车定位的品牌

13. 统一公司推出"瑞穗鲜乳"，强调该品牌是鲜乳的顶级品牌，但包装与广告并未显示是"统一"的产品。下列相关论述哪一项不正确？

A. "统一"以日常用品为主，其形象较平民化

B. 让出品牌的空间，使"瑞穗"与"统一"做切割

C. "瑞穗"是"统一"的副品牌

D. 这是"统一"的家族品牌战略

14. 统一超商与知名大厂合作开发全新自有品牌"7-Select"，首波推出饮料、泡面、卫生纸等 16 项商品，最高可比其他品牌便宜 30%。关于此种品牌战略的论述，下列哪一项不正确？

A. 称为混合品牌战略

B. 7-Select 属于自有品牌

C. 该产品可节省制造商所需负担的上架费

D. 可通过统一整合旗下集团共同采购产品，取得数量折扣

15. 根据品牌特质的四大构面分析农夫山泉出品"尖叫"的品牌定位，不属于下列哪一项？

A. 属性：强调该系列产品口味清淡，热量较低

B. 功能：长期适度饮用对人体无害

C. 利益：快速补充运动后人体所需的各种物质

D. 个性：符合国家低钠标准的象征

16. 品牌特质有四大维度：属性、功能、利益与个性。请分析 iPhone 的品牌定位，下列叙述哪一项不正确？

A. 属性：产品外观以白色为主 　　　　B. 功能：低价位的手机

C. 利益：随时享受高质量的沟通 　　　D. 个性：时尚品位的象征

17. 品牌所传达的是公司或商品特质，此特质应给消费者留下鲜明的印象。下列哪一种品牌联想不符合厂商所欲传达的特质？

A. HANG TEN：美国中价位服饰

B. Armani：来自意大利的高级服饰

C. ZARA：来自西班牙的平价时尚服饰

D. Uniqlo：来自日本的高价时尚女装服饰

18. 味全公司推出"林凤营鲜乳"，强调该品牌是鲜乳的顶级品牌，但包装与广告并未显示是"味全"的产品。下列相关论述哪一项不正确？

A. 依鲜乳产地命名，建立品牌形象

B. 让出品牌的空间，使"林凤营鲜乳"与"味全"做切割

C. "林凤营鲜乳"是"味全"的副品牌

D. 这是"味全"的家族品牌战略

19. 品牌名称的命名应与产品具有配适性，比较容易引起消费者的联想。下列哪一种搭配最不符合品牌命名原则？

A. 566（乌溜溜）洗发露 　　　　B. "乖乖"刮胡刀

C. "上山采药"洗面奶 　　　　　　D. "全球"美国英语补习班

20. 品牌名称的选取，如具有暗示产品的质量或利益，并且更好发音与记忆，较能让消费者望文生义。下列哪一个品牌较不具此特性？

A. 克宁（Klim）奶粉 　　　　　　B. 7-Eleven 便利商店

C. 足爽药粉 　　　　　　　　　　D. 李宁慢跑鞋

21. 大润发与知名大厂合作开发全新自有品牌"大润发"，首波推出矿泉水、厨房纸

巾、清洁用品、卫生纸等商品，最高可比其他品牌便宜30%。关于此种品牌战略的论述，下列哪一项不正确？

A. 称为混合品牌战略

B. 属于大润发的私有品牌

C. 该产品可节省制造商所需负担的上架费

D. 可通过大润发整合旗下集团共同采购产品，取得数量折扣

22. 舒跑（Super Supau）是维他露食品公司所推出的运动饮料。根据品牌特质的四大维度分析品牌定位，下列哪一项不正确？

A. 属性：低钠
B. 功能：更健康

C. 利益：补充运动后流失的水分
D. 个性：符合国家低钠标准的象征

23. 根据国际品牌评估机构 Interbrand 于 2013 年的调查，下列哪一项为 2013 年全球品牌价值排行榜的第一名？

A. Google
B. Coca Cola
C. Apple
D. IBM

24. DUDU 为一个新成立的家电品牌，假使你目前是这家公司的营销人员并负责发展品牌战略，在下列四个品牌相关联想的运用上，你应该优先从哪一个相关联想去发展品牌较为适当？

A. 使用者形象
B. 价值观
C. 历史与传承
D. 品牌人格

25. MUDA 为一个新成立的手机品牌，假使你目前是这家公司的营销人员并负责发展品牌战略，在下列四个品牌功效的相关联想运用上，你应该优先从哪一个功效相关的联想发展品牌较为适当？

A. 样式与设计
B. 价格

C. 主要构成要素（产品所提供的主要利益）
D. 服务有效性

26. 伞状品牌战略是指所有产品皆使用公司品牌，此种品牌战略经常被运用于下列哪一种产业中？

A. 餐饮服务业
B. 汽车产业

C. B2B 工业产品产业
D. FMCG 产业（Fast Moving Consumer Group）

27. 倘若你是公司的品牌管理人员，公司希望能找出消费者对于不同品牌属性的相对重视/喜好程度，你可以运用下列哪一种方法进行此项品牌活动的调查？

A. 信度分析
B. 因素分析
C. 联合分析
D. 集群分析

28. AA Jet 为一跨国航空公司品牌，在市场上的价格定位为中阶，但目前市场占有率因某廉价航空的竞争而受到影响。AA Jet 为了强化公司的竞争力而新设立了一品牌 B Jet 航空，与市场上廉价航空直接进行竞争并间接地保护 AA Jet 品牌，设立 B Jet 品牌的战略称为_____。

A. 旗舰战略　　　　　B. 单品牌战略　　　　C. 侧翼战略　　　　D. 共同品牌战略

29. 信用卡发卡银行与品牌商合作发行联名卡，如中信银行发行淘宝联名卡，属于下列哪一种品牌战略？

　　A. 共同品牌　　　　B. 混合品牌　　　　C. 品牌延伸　　　　D. 品牌联想

30. Open 小将为 7-Eleven 所推出的虚拟代言人（吉祥物），其图样经常出现在家电、儿童服饰、文具、玩具或其他日用百货上。此属于下列哪一种品牌经营战略？

　　A. 品牌差异化　　　B. 品牌授权　　　　C. 家族品牌　　　　D. 共同品牌

31. Super Retailer 为一家大型服饰业零售商，近年来为提升企业获利，选择向制造商购买流行服饰，再将产品冠上品牌 Top Air 于店内进行贩卖。请问此种品牌战略属于_____。

　　A. 共同品牌战略　　B. 混合品牌战略　　C. 私有品牌战略　　D. 品牌授权战略

32. 天合联盟（Sky Team Alliance）为全球最大的航空联盟之一，联盟成员在各项软硬件和营销活动上合作，成员包含达美航空、中华航空和中国南方航空等 19 家国际航空公司。请问此种品牌战略属于_____。

　　A. 副品牌战略　　　B. 混合品牌战略　　C. 共同品牌战略　　D. 品牌授权战略

33. 阿玛尼（Armani）为国际知名时尚品牌，旗下品牌又分为 Giorgio Armani、Emporio Armani、Armani Exchange 等多个品牌，该集团采用此品牌战略的主要目的可能为_____。

　　A. 避免单一品牌过大而遭受零售商抵制

　　B. 避免政府采用反垄断法控诉

　　C. 通过每个品牌满足不同市场区隔的消费者，减少消费者对品牌的疑惑

　　D. 降低产品生产制造成本

34. 英特尔（Intel）于 20 世纪 90 年代投入大量的资源推动 Intel Inside 的品牌计划，在计算机产品上贴上 Intel Inside，并通过广告引起消费者对于品牌的好感。此种将营销努力放在最终消费者身上的方式属于_____。

　　A. 推式战略　　　　B. 拉式战略　　　　C. 混合战略　　　　D. 跳跃式战略

35. SQ 为一个专业工具机品牌，该品牌营销人员投入大量的资源用于和渠道商建立良好的合作关系，期望能通过渠道商协助产品销售。此种将营销努力放在渠道商上的方式属于_____。

　　A. 推式战略　　　　B. 拉式战略　　　　C. 混合战略　　　　D. 跳跃式战略

36. 日本丰田汽车（Toyota）公司针对不同的车款进行不同的命名，如 Toyota Altis、Toyota Camry 和 Toyota Yaris 等。丰田汽车这样的品牌战略称为_____。

　　A. 个别品牌战略　　B. 母品牌　　　　　C. 副品牌　　　　　D. 伞状品牌

37. 2001 年，瑞典爱立信（Ericsson）公司的手机部门和日本索尼（Sony）组合成立"索尼爱立信"（Sony Ericsson），希望能强化市场竞争力。2012 年 Sony 将 Ericsson 的股份买回，并更名为索尼移动通讯。2001 年两家公司组合 Sony Ericsson 的品牌战略称为_____。

　　A. 个别品牌战略　　　　B. 母品牌　　　　　　C. 副品牌　　　　　　D. 共同品牌

38. 7-Eleven 超市推出自有品牌"7-Select"贩卖服饰和食品等商品，对于"7-Select"来说是采用下列哪一种品牌战略？

　　A. 品牌授权战略　　　B. 混合品牌战略　　　C. 共同品牌战略　　　D. 私有品牌战略

39. 某公司在评估品牌价值时，通过计算同一品类中私有品牌和一般品牌两者之间的收入差异，作为品牌价值的衡量依据。此为下列哪一种衡量品牌权益的方法？

　　A. 品牌基准比较法　　B. 营销基准比较法　　C. 残值法　　　　　　D. 价值评估法

40. 德国博世集团（Bosch）产品多元，包含一般电子零组件、家用电器和汽车零组件等，但在集团内不同品类的产品皆以 Bosch 作为品牌名称。此种品牌战略称为_____。

　　A. 伞状品牌战略　　　B. 母品牌　　　　　　C. 副品牌　　　　　　D. 共同品牌

41. 大华银行开发出一款新的信用卡产品"卓越爱心卡"，消费者使用此信用卡消费后，银行将会针对每笔消费金额提拨 0.5% 作为公益金，捐赠给面部伤残基金会。此种提升品牌形象和品牌认同感的品牌战略称为_____。

　　A. 允诺式营销　　　　B. 体验营销　　　　　C. 一对一营销　　　　D. 善因营销

42. 索尼（Sony）和爱立信（Ericsson）生产的手机使用"Sony Ericsson"作为品牌名称，而联想（Lenovo）的个人电脑上印有"Intel Inside"的标识，皆属于_____。

　　A. 品牌联合　　　　　B. 混合品牌　　　　　C. 品牌延伸　　　　　D. 品牌联想

43. 消费者听到 Nike，就会想到篮球、名牌、运动明星或选手等，属于下列哪个品牌权益的决定因素？

　　A. 知觉品质　　　　　B. 品牌联想　　　　　C. 品牌知名度　　　　D. 专属品牌资产

44. 七喜汽水曾经以"非可乐"为定位，市场反应热烈。七喜使用哪一种定位基础？

　　A. 远离竞争者　　　　B. 使用者　　　　　　C. 包装样式　　　　　D. 品牌个性

45. 消费者对奔驰（Benz）的印象是昂贵的、制造良好的、耐久的、高贵的汽车。这代表奔驰品牌传达下列哪一种信息？

　　A. 属性　　　　　　　B. 利益　　　　　　　C. 个性　　　　　　　D. 使用者

46. SONY 旗下的产品，如数字相机、笔电、音响等，都以 SONY 为品牌。关于此种品牌战略的论述，下列哪一项不正确？

　　A. 称为混合品牌战略

　　B. 营销成本较低，可共享优良品牌声誉

C. 须防范某个产品出现问题而破坏 SONY 形象

D. 有利于快速推广新产品

47. 味全旗下的产品分别被赋予特定的品牌，如贝纳颂、每日 C 等，产品包装上同时印有味全标志。关于此种品牌战略的论述，下列哪一项正确？

　　A. 称为混合品牌战略

　　B. 营销成本较低，可共享优良品牌声誉

　　C. 可通过个别品牌，凸显产品的差异化定位

　　D. 以上叙述皆正确

48. 耐克（Nike）在球鞋市场上闯出名号后，逐渐推出运动衫、帽子、背包等运动相关产品。关于此种品牌战略的论述，下列哪一项不正确？

　　A. 称为品牌延伸战略

　　B. 属于家族品牌战略

　　C. 有利于快速推广新产品

　　D. 延伸推出的新产品种类越多，品牌权益越高

49. 星巴克的大杯咖啡比竞争品牌相同容量的价格高出约 2 元。这就是所谓的品牌_____。

　　A. 延伸　　　　　　B. 权益　　　　　　C. 服务　　　　　　D. 转换

50. "小护士"是曼秀雷敦公司的产品，包装上的"小护士"商标，会使人产生下列哪一种品牌认识？

　　A. 知觉品质　　　　　　　　　　　B. 品牌联想

　　C. 品牌个性　　　　　　　　　　　D. 有利于知觉产品的价值

51. 华硕与 Garmin 战略结盟，以 Garmin-Asus 推出 GPS 手机品牌，属于下列哪一品牌战略？

　　A. 共同品牌　　　　B. 混合品牌　　　　C. 品牌延伸　　　　D. 品牌联想

52. 消费者听到慈济，就会想到慈善、救灾等活动，属于下列哪个品牌权益的决定因素？

　　A. 知觉品质　　　　B. 品牌联想　　　　C. 品牌知名度　　　D. 专属品牌资产

53. 维他露食品股份有限公司旗下的舒跑（Super Supau）曾经以"非碳酸饮料"是运动员饮品为定位，舒跑使用下列哪一种定位基础？

　　A. 远离竞争者　　　B. 使用者　　　　　C. 包装样式　　　　D. 品牌个性

54. 知名大型超市大润发推出许多商品冠上自己"大润发"的品牌名称，此种方式称为哪一种品牌战略？

　　A. 家族品牌　　　　B. 个别品牌　　　　C. 混合品牌　　　　D. 中间商品牌

55. Volvo 汽车给消费者的印象是制造良好的、耐久的、钢板很厚重的汽车。这代表

Volvo 传达下列哪一种信息?

    A. 属性   B. 利益   C. 个性   D. 使用者

56. 捷安特（Giant）旗下的自行车产品，有登山车、比赛车、公路车与折叠车，都以 Gaint 为品牌名称。关于此种品牌战略的论述，下列哪一项不正确?

    A. 称为混合品牌战略

    B. 营销成本较低，可共享优良品牌声誉

    C. 须防范某个产品出现问题而破坏品牌形象

    D. 有利于快速推广新产品

57. 太平洋自行车公司旗下的产品分别被赋予特定的产品线品牌，例如 Carry-me、Reach、Two Rider 等，但产品包装均印有 Pacific。关于此种品牌战略的论述，下列哪一项正确?

    A. 称为混合品牌战略

    B. 营销成本较低，可共享优良品牌声誉

    C. 可通过个别品牌，凸显产品的差异化定位

    D. 以上叙述皆正确

58. 阿迪达斯（Adidas）运动用品公司，将其品牌套用于运动衫、帽子、背包与运动套装等运动相关产品。关于此种品牌战略的论述，下列哪一项不正确?

    A. 称为品牌延伸战略

    B. 属于家族品牌战略

    C. 有利于快速推广新产品

    D. 延伸推出的新产品种类愈多，品牌权益愈高

59. 耐克（Nike）的一般球鞋比其他没有名气的运动鞋的售价高出几十元。这就是所谓的品牌_____。

    A. 延伸   B. 权益   C. 服务   D. 转换

60. 随着科技的发展，营销研究人员运用眼球追踪技术测试消费者对于各种包装设计的反应。这样的测量目的主要想了解消费者对于该品牌的_____?

    A. 品牌联想   B. 品牌形象   C. 品牌辨识   D. 品牌回想

61. 品牌命名为品牌管理的一项重要活动，有些品牌的名称采用较为抽象的意义。运用产品或服务的抽象意义进行品牌命名，如荷兰壳牌（Shell）石油，此种命名方式有何优点?

    A. 消费者有较佳的好感

    B. 较不容易被仿冒

    C. 较容易让人有印象

D. 进入新市场时有较佳的移转性，不会因为翻译等问题造成进入市场的困难

62. 个别品牌战略是指公司将不同的产品直接赋予不同的个别品牌名称。下列哪一家公司是运用此种品牌战略的典型代表？

A. 宝洁（P&G）

B. 本田汽车（Honda）

C. 苹果（Apple）

D. 通用汽车（GM）

63. Interbrand 为最具权威性的国际品牌鉴价组织之一，下列哪一项并非该组织进行品牌价值评估的主要项目？

A. 品牌的财务绩效

B. 品牌联想

C. 品牌在购买过程中的作用

D. 品牌强度

64. 由英国知名品牌顾问公司 Interbrand 与美国商业周刊合作进行的品牌权益调查中，下列哪一项的品牌价值最低？

A. 可口可乐

B. 微软

C. Google

D. 华硕

65. 奇瑞（Chery）汽车旗下除有奇瑞品牌外，还有开瑞、瑞麒、威麟等品牌，该公司采取下列哪一种品牌战略？

A. 共同品牌

B. 混合品牌

C. 个别品牌

D. 家族品牌

66. 美国商业周刊与英国知名品牌顾问公司 Interbrand 合作进行的品牌权益调查中，下列哪一个品牌价值最低？

A. 可口可乐

B. 微软

C. Google

D. 小米

［章节详解］

1.（A）【题解】副品牌是指新产品的品牌涵盖了母品牌名称和一个新的名称，例如 Apple iPhone 即为此战略的运用。

2.（A）【题解】发展良好的品牌意象为品牌联想设计的关键活动，其中，建立品牌意象主要可以从四个方向思考：①使用者形象；②购买与使用情境；③人格与价值观；④历史、传承和经验。本题内容描述的做法在于创造此品牌啤酒的使用情境。

3.（A）【题解】"白牌"亦称为无商标品牌，产品不显示品牌且通常不提供有关制造商的信息。

4.（D）【题解】强调比其他零售渠道更便宜，属于竞争者定位。

5.（A）【题解】题意没有提到品牌个性，无法让消费者看到产品而产生对于价值观、人格特质、个人品位等联想。

6.（A）【题解】品牌延伸的产品类别太多太杂或是延伸的产品类别在定位和形象上差异太大时，可能会造成消费者的印象错乱，而稀释原有的品牌形象。

7. （A）【题解】在进行品牌延伸战略考虑上，通常品牌选择从低阶转向高阶市场（向上延伸）会相当困难，故通常会采用建立新品牌的方式进入高阶市场，例如 Toyota 和 Lexus。

8. （C）【题解】品牌形象是打造奢华品牌的重要基础，因此在奢华品牌的发展战略上多以高单价和低折扣为方向，避免低定价和低折扣影响品牌形象。

9. （B）【题解】一般而言，餐饮集团公司在面对品牌延伸时，为避免品牌权益被稀释，多选择使用个别品牌战略以不同品牌满足不同区隔的消费者。

10. （B）【题解】（B）是属性，不是功能。

11. （D）【题解】波司登是以羽绒服为主，连续六年代表中国防寒服向世界发布流行趋势。

12. （C）【题解】品牌延伸是将知名品牌套用在新产品上，希望能将该品牌的形象传递给新产品，而雷克萨斯并未采用丰田品牌，故不是丰田的品牌延伸。

13. （D）【题解】（D）为混合品牌战略。家族品牌战略是指包装上只有统一品牌，无其他副品牌字样。

14. （A）【题解】称为家族品牌战略。

15. （D）【题解】（D）是产品属性，不是个性。

16. （B）【题解】（B)是属性，不是功能。

17. （D）【题解】Uniqlo 是平价时尚服饰。

18. （D）【题解】（D）为混合品牌战略。家族品牌战略是指包装上只有统一品牌，无其他副品牌字样。

19. （B）【题解】针对男性成年人的产品不适合以童稚用语作为品牌。

20. （D）【题解】李宁为体操运动员，该品牌现已成为大陆国内认知度很高的体育运动品牌，正从拥挤的休闲服细分市场掉头，向利润率更高、用更先进材料制成的"高性能装备"方面前进。

21. （A）【题解】称为中间商品牌战略。

22. （D）【题解】（D）是产品属性，不是个性。

23. （C）【题解】根据国际品牌评估机构 Interbrand 2013 年的调查，全球品牌价值排行榜第一名为 Apple，其品牌价值高达 983 亿美元（有关详细排名可参考以下网址：http：//www.interbrand.com/en/best‑global‑brands/2013/Best‑Global‑Brands‑2013‑Brand‑View.aspx）。

24. （A）【题解】依据品牌共鸣模型，针对品牌联想发展上有一定的层级顺序，以品牌意象而言，应该先从使用情境或是使用者形象方面着手，接着再去运用其他较为抽象的相关联想，例如价值观、人格等。

25. （C）【题解】依据品牌共鸣模型，针对品牌联想发展上有一定的层级顺序，以品牌功效而言，应该先从主要构成要素与其他辅助特性方面着手，接着再去设计产品可靠性、服务有效性、样式与设计、价格等。

26.（C）【题解】伞状品牌战略一般常运用于 B2B 工业产品公司，如德国（Siemens），而 FMCG 产业依据产业特性多运用个别品牌战略。汽车产业则多采用副品牌战略。

27.（C）【题解】联合分析经常用于评估不同品牌属性对于消费者的相对重要程度，让研究人员可以同时了解消费者对于公司品牌和不同竞争品牌营销活动的响应信息。

28.（C）【题解】侧翼品牌战略是指企业设立某些品牌来保护旗舰品牌或是品牌团队。

29.（A）【题解】共同品牌是指两个或以上的知名品牌一起出现在产品上。

30.（B）【题解】品牌授权是指将品牌名称授权给其他实际制造产品的制造商，利用授权推动公司的名称与形象，使其遍及大范围的产品。

31.（C）【题解】私有品牌又经常被称为商店品牌或是经销商品牌，通过制造商将产品销售给零售商，再将产品冠上零售商的私有品牌。

32.（C）【题解】共同品牌又称为品牌联盟，是指两个或两个以上的既有品牌结合成为一组共同商品或服务，而航空公司的联盟亦为共同品牌战略的操作。

33.（C）【题解】Armani 运用旗下不同的品牌吸引不同的人群，而各品牌之间有明确的差异化，减少消费者疑惑和品牌稀释的伤害。

34.（B）【题解】所谓拉式战略是指品牌投入营销资源提升最终消费者购买意愿，让消费者的购买力影响下游品牌商或渠道商。

35.（A）【题解】所谓推式战略是指品牌将营销资源和渠道商进行合作，让渠道商或零售商将产品推向消费者。

36.（C）【题解】副品牌是指新产品的品牌涵盖了母品牌名称和一个新的名称，例如 Toyota Camry 即为此战略的运用。

37.（D）【题解】共同品牌战略为两家或两家以上的公司进行品牌的联盟合作，希望能创造较佳的营销效益，Sony Ericsson 即为此战略案例。

38.（D）【题解】私有品牌又经常被称为商店品牌或是经销商品牌，通过制造商将产品销售给零售商，再将产品冠上零售商的私有品牌。

39.（C）【题解】残值法强调从消费者对于整体的品牌喜好中减去对于实体产品属性的喜好，两者之间的差异则为品牌价值的表现。

40.（A）【题解】伞状品牌战略是指公司所有品牌皆采用公司或是家族品牌。

41.（D）【题解】善因营销是指把企业针对某特定善因的贡献与企业和顾客所从事创造收益的交易进行联结。

42.（A）【题解】（A）品牌联合是指分属不同公司的两个或更多品牌的短期或长期的联系或组合。

43.（B）【题解】品牌联想是指在人们记忆中能连接到某一个品牌的所有事物。

44.（A）【题解】非可乐暗指与竞争者（如可口可乐与百事可乐）有别，不直接与竞争者针锋相对。

45.（A）【题解】属性包括内在属性（如产品规格与物质特色）以及外在属性（如包装、保证、售后服务等）。

46.（A）【题解】应称为家族品牌战略。

47.（D）【题解】混合品牌是指产品包装上同时具有企业品牌及个别品牌，既可共享企业商誉，也可凸显个别产品的差异。

48.（D）【题解】若新产品的特性与原有品牌不同，可能造成消费者的印象错乱，稀释原有的品牌形象。

49.（B）【题解】品牌权益是品牌为商品带来的附加价值。

50.（B）【题解】此种识别图容易让人产生护士细心照护或粗鲁对待的联想，但不一定具有质量或品牌价值，而是需靠该公司过去产品的成效与营销活动，使该品牌获取消费大众的认可，从而将此商标联想为细心与贴心的照护。

51.（A）【题解】共同品牌是指两个或以上的知名品牌一起出现在产品上。

52.（B）【题解】品牌联想是指在人们记忆中能连接到某一个品牌的所有事物。

53.（A）【题解】"非碳酸饮料"暗指与竞争者（如可口可乐与百事可乐等碳酸饮料）有别，不直接与竞争者针锋相对。

54.（D）【题解】大润发是零售渠道商，故产品冠上其自有品牌称为中间商品牌战略。

55.（A）【题解】属性包括内在属性（如产品规格与物质特色）以及外在属性（如包装、保证、售后服务等）。

56.（A）【题解】应称为家族品牌（Family Brand）战略。

57.（D）【题解】混合品牌是指产品包装上同时具有企业品牌及个别品牌，既可共享企业商誉，也可凸显个别产品的差异。

58.（D）【题解】若新产品的特性与原有品牌不同，可能造成消费者的印象错乱，稀释原有的品牌形象。

59.（B）【题解】品牌权益是品牌为商品带来的附加价值。

60.（C）【题解】包装对品牌辨识相当重要，因此营销研究人员在进行包装设计、测试消费者的品牌辨识时，可运用眼球追踪技术。

61.（D）【题解】一般来说，品牌名称较为抽象不具有具体的意义时，品牌进入新市场的移转性会较佳，免去语言翻译等问题。

62.（A）【题解】一般来说，个别品牌战略经常被运用于消费性产品产业，其中全球知名的日用消费品公司 P&G 即为此品牌战略在使用上的典型代表。

63.（B）【题解】Interbrand 为最具权威性的国际品牌鉴价组织之一，其品牌价值的评估主要从以下三方面进行：①品牌的财务绩效；②品牌在购买决策过程中的作用；③品牌强度。

64.（D）【题解】前三者皆有 500 亿美元以上的品牌价值，华硕（ASUS）是中国台湾第一品牌，约 400 亿新台币。

65.（C）【题解】厂商为每一种产品设定特定的品牌名称，就是采用个别品牌战略，以满足各消费人群的需求。

66.（D）【题解】前三者皆有 500 亿美元以上的品牌价值，小米是中国的智能型手机品牌，虽进入百大但市值仍低于前三。

第六章　定价战略

1. 捷安特（Giant）看准折叠车市场，一口气推出包括多款价格高达万元的新车，价格远高于一般的自行车。下列论述哪一项最不符合此种定价战略？

A. 称为超值定价战略

B. 目标市场的价格敏感度必须要低

C. 目标市场对于捷安特的制造质量有信心

D. 可搭配一系列推广活动来争取消费者的认同

2. 淘宝网上的产品，经常先标上较贵的建议售价再划掉，并标上较便宜的优惠售价。下列哪一项最不可能是此种做法的用意？

A. 传递充分的价格信息是厂商的法律责任

B. 建议售价的信息有助于提高顾客的愿付价格

C. 优惠售价的信息可凸显产品的物超所值

D. 缺乏产品知识的消费者较易被此种做法吸引

3. 某知名品牌着眼于微单相机市场，推出数款旗舰机种，售价远高于一般的数码相机。下列论述哪一项最不适合此种定价战略？

A. 称为超值定价战略

B. 目标市场的价格敏感度必须要低

C. 目标市场对于该品牌的制造质量有信心

D. 可搭配一系列推广活动来争取消费者的认同

4. 沃尔玛的产品经常会标上较贵的原价再划掉，并标上较便宜的现价或省心价。下列哪一项最不可能是此种做法的营销用意？

A. 传递充分的价格信息是厂商的法律责任

B. 原价的信息有助于提高顾客的愿付价格

C. 优惠的现价的信息可凸显产品的物超所值

D. 缺乏产品知识的消费者较易被此种做法吸引

5. 联想（Lenovo）卖的每一台计算机都有 CPU、硬盘、光盘、主板，RAM，这些零件成本每单位是固定的，然而随计算机产量增加，生产计算机的总成本也跟着增加，所以这些零件为联想计算机产品的_____。

A. 变动成本 　　　　B. 固定成本 　　　　C. 总成本 　　　　D. 平均成本

6. 7-Eleven 在分析商店的销售资料后，算出某个纯净水品牌的价格弹性为 –2.0，此价格弹性代表价格_____。

A. 每降低 1%将会造成需求降低 2%

B. 每降低一单位将会造成需求降低两个单位

C. 每降低 1%将会造成需求增加 2%

D. 每降低一单位将会造成需求增加两个单位

7. 丰田集团（Toyota）旗下的 Vios、Altis、Wish，分别固守着小车、房车、休旅车市场。上述内容说明丰田集团采用下列哪一种定价战略？

A. 搭配使用产品定价 　　　　　　　B. 选配产品定价

C. 产品线定价 　　　　　　　　　　D. 产品包裹定价

8. Sony PS3 因经济不景气致使销售不佳，原建议售价 3 万日元的产品，决定降价促销，促销价为 1 万日元，结果降价促销奏效，市场响应热烈，上述建议售价是建立消费者的_____。

A. 成本架构 　　　B. 外在参考价格 　　　C. 价格敏感度 　　　D. 需求曲线

9. 某歌手在北京鸟巢举办演唱会，其前、中、后排座位的票价不同。此种定价的战略为_____。

A. 差别定价法 　　　　　　　　　　B. 比较定价法

C. 边际成本定价法 　　　　　　　　D. 成本加成定价法

10. 某化妆品厂商将其原本包装为 500 毫升的产品，改为 450 毫升，但价格并没有改变。此定价战略为_____。

A. 促销定价法 　　　　　　　　　　B. 畸零定价法

C. 差别定价法 　　　　　　　　　　D. 习惯认知定价法

11. "购买 10 件以下，每件售价 100 元；若购买超过 10 件，每件售价为 90 元"。这属于下列哪一种促销定价方式？

A. 现金折扣 　　　B. 数量折扣 　　　C. 功能折扣 　　　D. 吸脂定价战略

12. 飞机票价，依照舱等级售价而不同。此为下列哪一种定价战略？

A. 边际成本定价法 　　　　　　　　B. 比较定价法

C. 差别定价法 　　　　　　　　　　D. 成本加成定价法

13. 打印机厂商以低价或促销战略吸引消费者购买，但原厂墨水则维持高价。下列哪一种论述最不符合此定价战略？

A. 此种做法称为后续产品定价

B. 厂商主要是依靠销售原厂墨水赚取利润

C. 墨水的高价格代表高质量，故宜锁定重视打印质量的消费者

D. 厂商宣称不使用原厂墨水易造成打印机故障，是为了加强消费者对产品互补性的认知程度

14. 全家便利店卖的鲜食比一般市价贵很多，但顾客仍然愿意花较高的价钱购买。下列哪一项不是主要的原因？

  A. 顾客的价格敏感度可能很低　　　　B. 认为高价格代表高质量

  C. 便利店提供的产品属于日常用品　　D. 便利店提供 24 小时的服务

15. 大卖场在春节期间，硬是把价格压到比市价便宜一半以上，企图抢占市场。下列哪一项最不符合业者的考虑？

  A. 与供货商长期合作，较能取得数量折扣

  B. 随时追踪跟进竞争者厂商的价格

  C. 可通过产地直销，避免中间商剥削

  D. 价格越低越具竞争力，获利越高

16. 假设生产某产品的固定成本为 10 万元，变动成本为每单位 8 元，厂商设定售价为每单位 12 元，则必须销售多少单位才能达到损益平衡？

  A. 5 万个　　　　　B. 2.5 万个　　　　　C. 2 万个　　　　　D. 4 万个

17. 每年夏季，香蕉都比较容易出现价格走跌的情况，最不可能是因为下列哪一项所造成？

  A. 适逢各式水果生产旺季

  B. 香蕉没有进行深加工，产品的附加值低

  C. 适逢台风季节，造成香蕉受损严重

  D. 中国台湾与菲律宾的香蕉产量大增

18. 一部动辄上千元的智能型手机，电信业者以 0 元价格进行促销，但是必须搭配老客户续约优惠项目，或是以新号入网加入绑定合约。这是下列哪一种定价战略？

  A. 互补产品定价　　B. 产品线定价　　　C. 配套定价　　　D. 心理定价

19. 华硕推出新的 7 英寸平板计算机产品且价格定在 199 美元左右，这样的新产品定价战略很可能是引用了_____定价战略。

  A. 差别取价　　　　B. 利基市场　　　　C. 市场渗透　　　　D. 知觉价值

20. Apple 总是有一群很忠诚的顾客，而他所推出新产品总是定很高的价格，并且希望通过高价格来传递高质量的印象，他可能采用了_____的新产品定价战略。

  A. 最大化利润　　　B. 市场吸脂　　　　C. 最大化市场成长　　D. 市场渗透

21. Sony 推出限量的机器宠物，并且定很高的价格，他可能采用了_____的定价战略。

    A. 知觉价值   B. 参考价格   C. 最大化市场成长   D. 产品利润

22. 中国移动推出的优惠方案为夜间半价。下列对中国移动定价战略的描述，哪一项正确？

    A. 属于知觉价值定价法   B. 属于差别定价法

    C. 属于参考价格定价法   D. 属于每日低价定价法

23. 小华在庄胜崇光百货发现一个新品牌来自阿尔卑斯山的矿泉水，定价15元，这个新的矿泉水品牌使用的是下列哪一种定价战略？

    A. 参考价格   B. 市场渗透定价法

    C. 声望定价法   D. 低涉入

24. 星巴克推出好友日买一送一的活动，这属于下列哪一种定价方式？

    A. 声望定价法   B. 依时间不同而划分市场区隔

    C. 成本加成定价法   D. 差别定价法

25. 华为即将推出一款新的平板计算机，希望能赢回消费者的心，他最不可能使用的定价战略为_____。

    A. 参考价格   B. 市场渗透   C. 副产品定价   D. 产品包裹定价

26. 中国电信将带有发财谐音的13977388888手机号码，以120万元高价卖出。这属于下列哪一种定价方法？

    A. 成本加成定价法   B. 心理定价法   C. 边际成本定价法   D. 促销定价法

27. 温泉旅馆在夏天常会有促销折扣，这属于哪一种促销手法？

    A. 牺牲打折   B. 现金折扣   C. 数量折扣   D. 季节性折扣

28. 如果钻石的定价过低，会使消费者怀疑是否为仿冒品，所以真钻石的定价一直相当高。此定价战略是_____。

    A. 划一规格政策   B. 畸零价格政策   C. 炫耀价格政策   D. 成本定价政策

29. 3C 卖场推出"开学特价计算机组合优惠，包含计算机主机、屏幕、键盘及打印机"，但如分开购买则价格较高。此种定价为_____。

    A. 产品附件定价   B. 产品线定价   C. 产品成套定价   D. 互补品定价

30. 某饮料公司的总经理认为"降价可提升销售量"，他是基于下列哪一种考虑？

    A. 供给弹性低   B. 供给弹性高   C. 价格弹性低   D. 价格弹性高

31. 办手机入网时，若想选择有特别意义的手机号码，需额外付费。这属于下列哪一种定价方法？

    A. 成本加成定价法   B. 心理定价法

C. 边际成本定价法   D. 促销定价法

32. 索尼公司（Sony）于 1990 年推出最高画质的电视（High-Definition Television，HDTV），当时售价是 8600 元。1993 年，此商品的售价则降为 1200 元，2004 年其售价更降至 240 元。该公司此做法相当于采取下列哪一种定价战略？

    A. 配套式定价法   B. 互补式定价法   C. 吸脂定价法   D. 渗透定价法

33. 苹果公司将员工的成本、办公室及日用品费用等，分摊给实际使用它们的活动上，也就是将公司的变动成本与经常费用分摊给每一位顾客。这是该公司采用下列哪一种估计成本方法？

    A. 传统成本会计法   B. 环境成本法

    C. 以活动为基础的成本会计法   D. 目标成本法

34. 乐比品牌猫食为达到价格及毛利目标，其管理者通过重新包装与重新设计制造流程而降低成本，尽管将售价降至 4 罐 1 美元，其获利仍加倍。该公司采用下列哪一种估计成本方法？

    A. 环境成本法   B. 目标成本法

    C. 传统成本会计法   D. 以活动为基础的成本会计法

35. 制造商不喜欢采用_____，因为该战略通常会减弱品牌形象，且其他零售商也会抱怨。因此，制造商须通过法律来约束中间商采用此定价法。

    A. 现金回馈   B. 更长的付款期限

    C. 牺牲领导品牌定价法   D. 心理折扣

36. 福特汽车公司（Ford）采用_____可以鼓励消费者在一定期间内购买其制造的产品，此定价战略将有助于出清库存并且不会影响原来的售价。

    A. 低利贷款   B. 现金回馈

    C. 牺牲领导品牌定价法   D. 更长的付款期限

37. 日常生活中，常看到有些商店会宣称"此商品以前售价是 79 元，现在只卖 39 元"，以刺激消费者购买。此店家采用的定价技术是_____。

    A. 心理折扣   B. 现金回馈

    C. 保证与服务契约   D. 牺牲领导品牌定价法

38. 星巴克咖啡（Starbucks）、奔驰汽车（Mercedes-Benz）及维多利亚的秘密（Victoria's Secret）内衣系列等均将自己定位成其产品种类中的质量领导品牌，集合质量、高价、奢华及一群高度忠诚的消费者。这些品牌选择定价的标的是_____。

    A. 产品质量的领导者   B. 生存

    C. 目标获利最大化   D. 市场占有率最大化

39. 中国是宝洁公司（Procter & Gamble，P&G）的一大市场。故该公司推出 320 克装的 Tide Clean White，售价是 2.3 元，Tide Clean White 没有香味与去除污点的功能，且其成本低；相较之下，350 克装的 Tide Triple Action，售价为 3.3 元，且其有去除污点的功能与香味，该公司采用的是哪一种价格调整战略？

　　A. 价格折扣与津贴　　B. 地域定价　　　　C. 差别定价　　　　D. 促销定价

40. 当华硕（ASUS）公司面对私有品牌竞争厂商的低价战略时，其可采取某些应对方式，但不包括＿＿＿＿＿＿。

　　A. 维持价格　　　　　　　　　　　　B. 维持价格与同时增加价值

　　C. 推出低价的产品线　　　　　　　　D. 涨价但不改善质量

41. 假设销售量函数为 $Q = 200 - 5P$，其中 Q 代表销售量，P 代表价格。试求总收入极大化下的最适定价？

　　A. 10　　　　　　　B. 20　　　　　　　C. 30　　　　　　　D. 40

42. 特力和乐（HOLA）即将推出一组新的休闲椅，生产此组休闲椅的固定成本是 53 万元，变动成本是 200 元，HOLA 决定将售价定为 560 元，该公司必须销售＿＿＿＿＿＿张休闲椅才可达到损益平衡。

　　A. 1276　　　　　　B. 1472　　　　　　C. 1322　　　　　　D. 2562

43. 游乐园的门票票价依照游客不同的年龄及身份而有全票、学生票、老人票等。这是哪一种定价战略？

　　A. 心理定价　　　　　B. 配套定价　　　　　C. 渗透定价　　　　　D. 差别定价

44. 白牌手机以模拟知名的品牌手机为主要战略，让多数中国较为底层的农民工也有拿得起"高阶品牌手机"的感受。此种做法属于下列哪一种定价战略？

　　A. 渗透定价　　　　　B. 吸脂定价　　　　　C. 后续产品定价　　　D. 差别定价

45. 中国联通推出"预存话费送手机"的活动，最可能是下列哪一种定价战略？

　　A. 互补产品定价　　　B. 差别定价　　　　　C. 配套定价　　　　　D. 心理定价

46. 游乐园在游客较少的平日推出平日票特价优惠，而在需求较多的假日恢复门票原价，最符合下列哪一种促销定价战略？

　　A. 现金折扣　　　　　B. 牺牲打折　　　　　C. 季节折扣　　　　　D. 促销折让

47. 标榜"省心价"的沃尔玛购物广场，主要通过下列哪一种做法，以降低商品价格、提升销售量？

　　A. 建立良好的服务质量与形象

　　B. 门市地点多远离核心商圈，位于郊区

　　C. 力求上架产品及品牌的多样化

　　D. 选定某一特定产品线，贩卖项目繁多的相关产品

48. 公交车票价依照乘客不同的年龄及身份而有全价票、学生票、半价票等。这是下

列哪一种定价战略?

    A. 心理定价　　　　　B. 配套定价　　　　　C. 渗透定价　　　　　D. 差别定价

49. 如果联想公司认为大的销售量可降低单位成本,提高长期利润,并以设定最低价格来达成目标,下列哪一项是其定价目标?

    A. 存续　　　　　　　　　　　　　　B. 市场占有率最大

    C. 市场榨取最大化　　　　　　　　　D. 产品质量领导

50. 小明欲在淘宝网上购买一台惠普激光打印机,有网页显示,如果购买此产品,可以优惠的价格 999 元购买原价 2000 元的碳粉盒。上述淘宝店家是采用下列哪一定价战略?

    A. 产品包裹定价　　　B. 搭配使用产品　　　C. 声望定价法　　　D. 副产品定价法

51. 可口可乐在便利商店可能卖 5 元,自动贩卖机卖 4 元,量贩店甚至只卖 3 元。上述例子说明厂商是根据消费者_____不同而定价的。

    A. 满意度　　　　　　B. 认知价值　　　　　C. 忠诚度　　　　　D. 购买经验

52. 惠君欲参加东方航空到泰国旅游的优惠行程,发现泰国的 SPA 好便宜,因此计划去泰国自由行的那周天天去做 SPA。他是将泰国 SPA 的价格和内在的_____作比较。

    A. 参考价格　　　　　B. 价格线索　　　　　C. 外在价格　　　　　D. 过去价格

53. 伟男转行加入经营 7-Eleven 的连锁商店,下列哪一项属于变动成本?

    A. 每杯 City Coffee 的成本　　　　　　B. 每个月房租

    C. 员工薪水　　　　　　　　　　　　D. 每月固定机器设备租金

54. 以电价而言,全国可能就有上千种,如果算上各种名目的优惠电价与前端的上网电价,中国有多种电价。上网电价、输配电价、终端电价等名目让人眼花缭乱,其主要影响因素为_____。

    A. 成本因素　　　　　B. 竞争因素　　　　　C. 独买独卖　　　　　D. 营销组合战略

55. 星巴克举办"咖啡集点活动:购买十杯咖啡送一杯",换句话说,当消费者购买相当数量的商品后,就能兑换一份免费商品。这属于下列哪一种促销方式?

    A. 现金折扣　　　　　B. 功能性折扣　　　　C. 累积式数量折扣　　　D. 促销折让

56. LaNew 熊拿到比赛总冠军后,其关系企业进行 LaNew 皮鞋降价以回馈球迷活动。这属于下列哪一种促销方式?

    A. 牺牲打折　　　　　B. 特殊事件折扣　　　C. 季节性折扣　　　D. 功能性折扣

57. 无敌 CD 以"旧机换新机"的活动,希望顾客将旧产品加速淘汰,提升新产品销售量。此种促销定价战略为_____。

    A. 特殊事件折扣　　　B. 现金折扣　　　　　C. 功能性折扣　　　D. 折换折让

58. 打印机厂商以低价战略吸引消费者购买,但却维持打印机原厂墨粉盒的高价格。此为下列哪一种定价战略?

A. 捆装定价法　　　　B. 互补产品定价法　　C. 配套式定价法　　D. 产品线定价法

59. 家乐福推行"天天都便宜"的营销战略，是采用下列哪一种定价方式？

A. 利润加码定价　　B. 现行价格定价　　　C. 目标报酬定价　　D. 超值定价

60. 下列哪一项属于畸零定价法的例子？

A. 700 元　　　　　B. 701 元　　　　　C. 751 元　　　　　D. 695 元

61. 屈臣氏（Watsons）提出"保证最便宜，买贵退两倍差价"的口号，其定价哲学属于_____。

A. 以需求为考虑　　B. 以竞争为考虑　　C. 以成本为考虑　　D. 以上皆非

62. 德州仪器（Texas Instruments，TI）兴建大厂房，为的是尽可能将价格定得很低，以获取高的市场占有率，如此成本就降低了，公司因成本降低，即可再降低价格。该公司采取的是下列哪一种定价战略？

A. 互补式定价法　　B. 渗透定价法　　　C. 配套式定价法　　D. 吸脂定价法

63. 美国的飞机制造商将飞机卖给巴西，得到 80% 的现金，其余则以咖啡作为补偿，此属于互惠贸易的哪一类型？

A. 补偿金交易　　　B. 以物易物　　　　C. 买回协定　　　　D. 抵销

64. 法国主要的制衣厂"衣美"进行为期 5 年、价值高达 3000 万美元的交易协议，将美国生产的内衣与运动服输往东欧，以交换多种物品与服务，包括全球的运输与在东欧杂志刊登广告，此属于互惠贸易的哪一类型？

A. 抵销　　　　　　B. 买回协定　　　　C. 补偿金交易　　　D. 以物易物

65. 一家英国的生物科技工厂为一家马来西亚生物科技工厂兴建厂房，同意接受部分现金与马来西亚生物科技工厂所生产的产品作为报酬，此属于互惠贸易哪一类型？

A. 买回协定　　　　B. 以物易物　　　　C. 补偿金交易　　　D. 抵销

66. 百事可乐（Pepsi）将可乐糖浆销至俄罗斯获得卢布，同意购买一定比例的俄罗斯伏特加酒品至美国销售，此属于互惠贸易的哪一类型？

A. 补偿金交易　　　B. 抵销　　　　　　C. 以物易物　　　　D. 买回协定

67. 乐活书局每年 8 月，即开学前都有文具用品的促销活动，该书局是利用下列哪一种定价技术来刺激消费者提前购买？

A. 保证与服务契约　　　　　　　　　B. 现金回馈

C. 心理折扣　　　　　　　　　　　　D. 特别事件定价法

68. 远东百货公司利用降低知名品牌的售价以吸引顾客，该百货公司是利用下列哪一种定价技术来刺激消费者购买？

A. 牺牲领导品牌定价法　　　　　　　B. 心理折扣

C. 保证与服务契约　　　　　　　　　D. 现金回馈

69. 卡文克莱公司（Calvin Klein）将女性用手表设计成不同的款式、重量及质量，一只女款手表售价从 100 元到 1000 元不等。该公司采用的是下列哪一种定价法？

A. 目标报酬定价　　　B. 利润定价　　　　　C. 差别定价　　　　D. 价值定价

70. 百事可乐公司依据不同的渠道，如在餐厅、快餐店、便利商店及自动贩卖机收取不同的价格。该公司采用的是下列哪一种定价法？

A. 顾客区隔定价　　　B. 形象定价　　　　　C. 地点定价　　　　D. 渠道定价

71. 橙天嘉禾影城对各影厅的不同座位收取不同的价格。该公司采用的是下列哪一种定价法？

A. 渠道定价　　　　　B. 地点定价　　　　　C. 时间定价　　　　D. 顾客区隔定价

72. 长荣航空（EVA Air）对"早期购买者"收取较低费用，而对"晚期购买者"收取较高的费用。该公司采用的是下列哪一种定价法？

A. 时间定价　　　　　B. 形象定价　　　　　C. 顾客区隔定价　　D. 地点定价

73. 香奈儿（Chanel）香水将香水装瓶，标示其名字及品牌，定价 50 毫升为 200 美元。将此相同的香水装瓶，标示不同的名字及品牌，其 50 毫升定价为 20 美元。此做法属于下列哪一种定价法？

A. 形象定价　　　　　B. 顾客区隔定价　　　C. 渠道定价　　　　D. 产品形式定价

74. 雅虎（Yahoo!）的拍卖属于下列哪一种定价法？

A. 渗透定价　　　　　B. 竞争平位定价　　　C. 拍卖定价　　　　D. 差别定价

75. EzTravel 易游网推出特价的旅游行程，通过该行程的超低价格，来与竞争者强力竞争。此做法属于下列哪一种定价法？

A. 吸脂定价　　　　　B. 渗透定价　　　　　C. 竞争平位定价　　D. 认知价值定价

76. 若房屋中介的收费标准是对卖方收取成交价的 4%，对买方收取成交价的 2%。此做法属于下列哪一种定价法？

A. 价值定价法　　　　B. 畸零定价法　　　　C. 威望定价法　　　D. 习惯定价法

77. 小曼理发厅对于理发无论年龄大小、头发长短及发型，一律收取 100 元。该理发厅采取的定价战略是＿＿＿＿＿＿。

A. 两段式定价　　　　B. 互补定价　　　　　C. 产品线定价　　　D. 单一价格

78. 明星旅行社推出套装旅游，包括机场接送、饭店住宿、早中晚餐及景点接送等，购买此套装行程远比个别购买便宜。该旅行社采用下列哪一种定价战略来吸引消费者购买？

A. 配套式定价　　　　B. 互补定价　　　　　C. 促销定价　　　　D. 差别定价

79. 丰田集团（Toyota）推出 Lexus、本田（Honda）推出 Acura 及日产（Nissan）推出 Infiniti。这些汽车厂商是采取下列哪一种行为以应对竞争厂商的倾销行为？

A. 配销与沟通　　　　B. 强化服务　　　　　C. 采取诉讼　　　　D. 产品升级

80. 佳能（Canon）公司卖技术、设备或厂房给越南时，允诺接受以技术、设备或厂房所生产的产品作为部分付款。此属于互惠贸易的哪一种形态?

    A. 买回协定　　　　　B. 以物易物　　　　　C. 补偿金交易　　　　　D. 抵销

81. 顾客向海尔订购一关键零组件 5 万元/单位，针对此张订单，海尔欲投资 100 万元生产此关键电子零组件，在每单位生产成本为 12 元的情况下，希望这 100 万元的投资能有 5% 的投资报酬率，则应将每单位的售价定为_____。

    A. 12 元　　　　　　B. 120 元　　　　　C. 150 元　　　　　D. 13 元

82. 7-Eleven 在分析商店的销售资料后，算出 A 品牌对百事可乐的交叉价格弹性为1.5。1.5 的交叉价格弹性的意义为_____。

    A. 百事可乐价格每降低 1%将会造成 A 品牌需求增加 1.5%

    B. A 品牌降价 1%，百事可乐的需求将减少 1.5 个单位

    C. A 品牌降价 1 个单位，百事可乐的需求将增加 1.5 个单位

    D. A 品牌降价 1%，百事可乐的需求将减少 1.5%

[章节详解]

1.（A）【题解】超值定价是针对质量不错的产品，定出比消费者预期还要低的价格。

2.（A）【题解】标示建议售价是为了给消费者一个较高的价格参考水平，以提升优惠售价的折扣效果。

3.（A）【题解】超值定价是针对质量不错的产品，定出比消费者预期还要低的价格。

4.（A）【题解】标示原价是为了给消费者一个较高的价格参考水平，以提升现价的折扣效果。

5.（A）【题解】固定成本不随产量而有变动，变动成本随不同产量水平而异。

6.（C）【题解】价格弹性通常为负，且定义为价格变动 1%将会造成需求变动的百分比。

7.（C）【题解】企业在做产品线定价时，通常会精心设定几个价格点，然后再以价格点与价格点所联结的价格带为基础，思考产品线旗下的不同产品应该放在哪个价格带。

8.（B）【题解】消费者经常拿看到的价格和内在的参考价格（记忆中的价格信息）或外在参考价格（如零售价格或建议售价）作比较。厂商常使用建议售价来建立消费者外在的参考价格。

9.（A）【题解】产品的差别定价战略是依照顾客特性（学生票、一般票）、产品形式（不同颜色的手机）、消费的地点（商务舱、经济舱）、消费的时间（平日与周日的售价）而定价。

10.（D）【题解】习惯认知定价法是根据消费者对某个产品长期的、不易改变的认知价格来定价。

11.（B）【题解】数量折扣是指消费者在大量购买时，商品的单位价格可以打折。

12.（C）【题解】产品的差别定价战略是依照顾客特性（学生票、一般票）、产品形式（不同颜色的手机）、消费的地点（商业舱、经济舱）、消费的时间（平日与周日的售价）而定价。

13.（C）【题解】互补定价战略是以低价吸引顾客，故应锁定重视低价胜于其他属性（如打印质量）的顾客。

14.（C）【题解】便利店提供的产品属于紧急需要品。

15.（D）【题解】降低价格虽能增加竞争力，但低于成本则无利润可言。

16.（B）【题解】$100000 \div (12-8) = 25000$（个）。

17.（C）【题解】台风季节会造成香蕉产量减少，致使价格上升。

18.（A）【题解】互补定价战略是将主产品（如智能型手机）的售价压低以吸引消费者购买，再以附产品（如通信费）的高额加成来赚取利润。

19.（C）【题解】知觉价值定价的关键是购买者的价值知觉，非销售者的成本。市场渗透定价的特色是以低价抢占市场占有率。

20.（B）【题解】市场渗透定价的特色是以低价抢占市场占有率。市场吸脂或吸脂战略是以高价来强调高质量的形象，并可在短期获取导入新产品的利润。

21.（A）【题解】知觉价值定价的关键是购买者的价值知觉，非销售者的成本。市场渗透定价的特色是以低价抢占市场占有率。

22.（B）【题解】差别定价法是指一种商品或服务以两种或两种以上的不同价格出售（但其中的价差并非反映成本上的差异）。

23.（C）【题解】声望定价法是指厂商故意将产品的价格定得高高的，以彰显其高人一等的声望与形象，并足以衬托出产品拥有者的格调与身份地位。

24.（D）【题解】差别定价法是指一种商品或服务以两种或两种以上的不同价格出售（但其中的价差并非反映成本上的差异）。

25.（C）【题解】副产品定价是生产主要产品过程中产生的副产品的定价。产品包裹定价是指将一组产品包裹起来，并以较优惠的价格销售。搭配使用产品是指通常企业会将主体产品的价格尽量压低，等到成功地以低价吸引消费者之后，再利用后续的搭配产品的高额加成来持续赚取利润。

26.（B）【题解】心理定价主要依照顾客心里对价格的心理反应来决定价格，本题的电话号码在消费者心中具有高价地位。

27.（D）【题解】针对不同商品，在需求较低的淡季，厂商为了减轻库存或创造商机而应用的定价方式。

28.（C）【题解】这是根据消费者对产品的认知价值作为定价的基础。

29.（C）【题解】产品成套定价即把产品成组或成套加以定价，以刺激消费者的需求，并鼓励消费者提高消费额。

30.（D）【题解】市场需求为产品价格的外部影响因素，当市场需求的价格弹性高时，采取降价措施对厂商的销售成长较有利。

31.（B）【题解】心理定价主要依照顾客心里对价格的心理反应来决定价格，特别意义的电话号码在消费者心中具有高价地位。

32.（C）【题解】吸脂定价法是将刚推出的产品价格定得很高，然后再逐渐地调降其价格。

33.（C）【题解】以活动为基础的成本会计法即试图辨识服务每一位顾客的实际成本。

34.（B）【题解】目标成本法是指成本将会随经验及生产规模而改变。所以，企业可以通过制定目标成本，集合设计师、工程师、采购单位等所有的努力，以降低成本。

35.（C）【题解】牺牲领导品牌定价法是指利用降低知名品牌的售价以吸引顾客的一种定价战略。这是制造商不喜欢采用的战略，因为该战略通常会减弱品牌形象，且其他零售商也会抱怨。因此，制造商须通过法律来约束中间商采用此定价法。

36.（B）【题解】现金回馈是指公司为鼓励消费者在一定期间内购买其制造的产品而提供现金回馈，此现金回馈有助于出清库存且不会影响原来的售价。

37.（A）【题解】心理折扣指定一个较高的售价后再以低价售出。

38.（A）【题解】选择产品质量的领导者为定价标的公司是以成为市场上产品质量的领导者为目标。许多品牌均期盼成为消费者负担得起的奢侈品。

39.（B）【题解】地域定价是指公司对不同地点与国家的不同顾客制定价格战略。所以宝洁公司采用地域定价的调整战略，即发展一套阶梯式定价战略，在与便宜的本地品牌竞争外，也保护全球品牌的价值。

40.（D）【题解】当领导品牌面对商店私有品牌的低价战略时，可以采取的应对方式有：维持价格、维持价格与同时增加价值、降价、提高价格并改善质量及推出低价的产品线。

41.（B）【题解】总收入 $= PQ = P(200-5P) = 200P-5P^2$，令对 P 一阶微分等于 0，则可得 $200-10P=0$。故最适价格 $P=20$。

42.（B）【题解】设损益平衡的销售量为 X，总成本 = 固定成本 + 变动成本 $= 530000+200X$，总收入 $= 560X$；损益平衡时，总收入 = 总成本，$560X = 530000+200X$ 可解出 $X=1472$。

43.（D）【题解】差别定价是指同一个产品却有不同的价格，价格差异与成本没有直接关联。

44.（A）【题解】渗透定价是在新产品的导入期，尽量以低价销售，以快速占有市场。

45.（A）【题解】中国联通的目的是以零元手机吸引消费者使用该公司的电信服务。

46.（C）【题解】季节折扣是指厂商在淡季时所提供的降价措施。

47.（B）【题解】量贩店或大卖场的设立地点通常远离市区以避免昂贵地价或租金。

48.（D）【题解】差别定价是指同一个产品却有不同的价格，价格差异与成本没有直接关联。

49.（B）【题解】通过大量生产降低成本，应该属于以市场占有率为主要目标。

50.（A）【题解】产品包裹定价是指将一组产品包裹起来，并以较优惠的价格销售。搭配使用产品是指通常企业会将主体产品的价格尽量压低，等到成功地以低价吸引消费者之后，再利用后续的搭配产品的高额加成来持续赚取利润。副产品定价是针对生产过程产生的副产品所做的定价。

51.（B）【题解】认知价值是指在顾客的认知里，特定产品究竟值多少钱（或愿意用多少钱购买）。

52.（A）【题解】消费者对价格的范围有相当了解，但很少人可以正确回想起特定的价格。因此消费者经常拿看到的价格和内在的参考价格（记忆中的价格信息）作比较。

53.（A）【题解】固定成本是不因产量或销售收入而变动的成本。因此，公司每个月的房租、各项费用、利息、员工薪水等都属固定成本。

54.（C）【题解】电价复杂的问题在于输配没有分开，电网公司盈利靠买卖差价保障，独买独卖妨碍了电价的简单化、市场化趋势。目前仍通过政府行政审批来规定发电电价，依据电厂的成本来核定上网电价，基本上一个电厂一个价格，甚至一个发电机组一个价格。

55.（C）【题解】累积式数量折扣的目的是在加强消费者的忠诚度，并不强制规定消费者要一次购足某数量，消费者可在特定期间内对于该项特定商品，累积购买超过厂商规定的数量标准，即可享受优惠。

56.（B）【题解】特殊事件折扣是指企业可针对特殊日期或事件，主动降价以刺激消费。

57.（D）【题解】折换折让是指以旧产品折换新品，并以若干价格抵减，鼓励顾客以旧换新。

58.（B）【题解】互补定价法是指将核心产品定在低价，而其他补充项目的价格则定在高价，以获取利润。

59.（D）【题解】超值定价是指厂商针对质量不错的商品，提供比消费者预期还要低的价格。

60.（D）【题解】畸零定价法是以畸零的数字定价，在价格数字上，刻意安排比较以吸引消费者，让消费者觉得便宜。

61.（B）【题解】竞争导向的定价法，指在定价上以竞争者为定价标准参考，提出低于竞争者的价格。

62.（B）【题解】渗透定价法是以一个较低的产品价格进入市场，以最大化市场占有率。因为大量销售，使得大量生产的成本得以降低，如此即可再降低产品的售价。

63.（A）【题解】补偿金交易是指销售商获得部分的物品或部分的现金作为补偿。

64.（D）【题解】以物易物是指直接以物品作为交换，没有金钱与第三方涉入。

65.（A）【题解】买回协议是指销售商卖技术、设备或厂房给其他国家时，允诺接受以技术、设备或厂房所生产的产品作为部分付款。

66.（B）【题解】抵销是指销售商获得全额的现金，但是同意将部分的现金于一定期间内，在当地消费。

67.（D）【题解】特别事件定价法是指销售者针对特定季节或节日制定特别的价格，以刺激消费者消费。

68.（A）【题解】牺牲领导品牌定价法是指利用降低知名品牌的售价以吸引顾客的一种定价战略。

69.（C）【题解】差别定价是指公司通常为了适应不同的顾客、产品及地点等而调整其基本价格。

70.（D）【题解】渠道定价是指公司的产品依据其不同的渠道收取不同的价格。

71.（B）【题解】地点定价是指相同的产品在不同的地点收取不同的价格。

72.（A）【题解】时间定价是指公司依日期、时间或节日收取不同的价格。

73.（A）【题解】形象定价是指公司依据形象的差异对相同的产品定不同的价格。

74.（C）【题解】拍卖定价法是指卖方提出标的物，然后买方喊价，一直到某人出了最高价，即为某人得标。例如，雅虎奇摩拍卖即属于此种。

75.（B）【题解】渗透定价法是指对商品收取一个相对较低的价格，以快速占据大多数的市场。企业采取此定价战略的目的是为获取潜在市场的广大占有率，进而通过规模经济来降低生产成本。

76.（D）【题解】习惯定价法是指依据顾客对该商品或服务所预期的固有价格来定价。

77.（D）【题解】单一价格战略是指厂商中所有的服务商品均制定一样的价格，虽然这些服务商品的质量不尽相同，成本与需求亦有差异，但仍然给予统一的标价。

78.（A）【题解】配套式定价是指配套商品/服务的整体价格，低于个别购买这些服务的总和。

79.（D）【题解】产品升级指厂商可以通过差异化方式来提升产品的附加价值，以应对竞争厂商的低价竞争。

80.（A）【题解】买回协议是指公司卖技术、设备或厂房给其他国家时，允诺接受以技术、设备或厂房所生产的产品作为部分付款。

81.（D）【题解】目标报酬的定价＝单位成本＋（期望报酬×投资额）÷销售单位＝12＋（0.05×1000000）÷50000＝13。

82.（D）【题解】A品牌价格变动对百事可乐交叉价格弹性的定义为A品牌价格变动1%将会造成百事可乐需求变动的百分比。

第七章　渠道战略

1. 皇冠出版社将小说销售给诚品、金石堂及其他书店，再由书店销售给消费者。此种销售方式属于下列哪一渠道层级？

A. 零级渠道　　　　　B. 一级渠道　　　　　C. 二级渠道　　　　　D. 三级渠道

2. 消费者购买信息来源可分为个人来源、商业来源、公共来源与个人人脉来源。下列哪一项不属于商业来源？

A. 广告文宣　　　　　B. 产品包装　　　　　C. 大众传播媒体　　　D. 销售人员

3. 渠道管理有许多方式，其中"只要听话，就给甜头"是属于哪一种渠道权力的展现？

A. 专业的权力　　　　B. 认同的权力　　　　C. 奖赏的权力　　　　D 惩罚的权力

4. 目前平均每天有 20 亿人次使用宝洁（P&G）品牌的日常用品，宝洁以高标准要求本地化商品的开发，坚持要与既有商品有明显差异，以免陷入低价竞争。下列哪一项最不可能是宝洁的渠道战略？

A. 采取选择式配销

B. 主导重视卖场布置

C. 不被渠道商主导价格战略

D. 快速拓展多种地理区域及渠道类型的市场

5. 假设有三位制造商将产品销售给三位消费者，交易次数共有几次？多了一个中间商后，交易次数需要几次？

A. 4，9　　　　　　　B. 6，3　　　　　　　C. 9，6　　　　　　　D. 3，1

6. 戴尔（Dell）主要凭借着直销模式，演变成目前全球知名的个人计算机领导厂商。下列有关论述哪一项不正确？

A. 主要是通过电话和网络销售产品

B. 可直接与消费者沟通，量身定做产品

C. 减少渠道成本

D. 建立比较价格的环境，满足消费者想要通过产品比较得到最佳选择的需求

7. 下列对我国零售业发展的现况描述，哪一项最不适合？

A. 零售商场的规模越来越大

B. 越来越走向连锁经营，若干商店使用相同商标及标准化的经营模式

C. 自动贩卖机销售的产品越来越多元化，如化妆品、CD、T恤等

D. 零售店为塑造定位，店铺装潢及服务方式力求个性化

8. 海王星辰、老百姓等连锁药店的崛起，造成传统小区药店客户的流失，其主要的原因是_____。

A. 连锁药店的定价比较低

B. 连锁药店多在住宅区，靠近住家

C. 连锁药店的竞争优势源于加盟总部提供的无形和有形资产

D. 传统小区药店更能贴近顾客的需求

9. 全家便利店进驻上海的办公商圈，下列哪一种措施最不符合此商业区域特性？

A. 营业时间只限周一到周五

B. 提供烈酒商品

C. 建立近百坪舒适开阔的座位区

D. 冰柜放置于门市中央，方便不同角度的选购

10. 苹果（Apple）在世界各地发售iPhone几乎都是由一家电信业者独家销售的原因，最不可能是下列哪一项？

A. 用来提升电信业者的用户数

B. 为了取得使用者订阅电信服务的回馈金

C. 为了减少电信业者之间的竞争

D. 较能产生物以稀为贵的认知心态，满足部分消费者的虚荣心

11. 对百货公司来说，人潮等于钱潮，下列哪一项对于人潮的影响最小？

A. 动线设计　　　　B. 商圈性质　　　　C. 产品部门种类　　　　D. 购买点展示

12. 消费型数码相机在台湾市场的销售火爆，日系品牌间的市场争夺加剧，厂商最不可能采取下列哪一种竞争战略？

A. 多元化销售渠道　　　　　　　　B. 吸脂定价战略

C. 要求新开发的差异化功能　　　　D. 推动促销方案

13. 假设全国连锁便利店推出自有品牌商品，制造商不但没有抗议货架位置受到压缩，反而为便利店代工生产商品，因为便利店拥有多种渠道权力。下列哪一种权力不是主因？

A. 专业的权力　　　　B. 合法的权力　　　　C. 奖赏的权力　　　　D. 惩罚的权力

14. 华联超市能在竞争激烈的零售渠道市场杀出血路，以"低成本、低投入、高效益、高产出"为经营原则。下列哪一种做法最不符合华联超市的开店战略？

A. 并购现有超市

B. 物流和仓储中心全部外包，交给专业物流公司处理

C. 只要地点、价格适合，即让房东加盟

D. 开店地点到达偏远地区

15. 假设有 4 位制造商将产品销售给 4 位消费者，交易次数共有几次？多了一个中间商后，交易次数需要几次？

    A. 8，8   B. 8，16   C. 16，8   D. 16，1

16. 下列哪一项最不符合我国零售业的发展趋势？

A. 零售商场的规模越来越大

B. 走向连锁经营，若干商店使用相同商标及标准化的经营模式

C. 经营项目走向单一专业化，借此开发客源及增进商品毛利

D. 零售店为塑造定位，在店铺装潢及服务方式力求个性化

17. 下列有关亚马逊网络书店的叙述，哪一项不正确？

A. 在全球各地皆有实体书店门市

B. 由亚马逊书店主导与供货商合作方式

C. 具有顾客退货的标准作业程序

D. 除了书之外，也销售 3C 产品、服饰、玩具等

18. 连锁加盟店成为近几年来我国市场最受瞩目的营销系统，下列论述哪一项不正确？

A. 有助于快速展店

B. 属于水平营销系统

C. 加盟总部提供的无形和有形资产是分店门市的竞争优势来源

D. 进货采购容易取得数量折扣

19. 知名精品品牌经常采用独家销售的做法，下列哪一项不是主要原因？

A. 因为目标顾客愿意投入精力前往购买

B. 集中资源在独家渠道，借此提高服务质量

C. 为了扩大市场占有率

D. 可产生物以稀为贵的认知心态，满足部分消费者的虚荣心

20. 对一般缺乏品牌知名度、仅能吸引附近客源的小型店家而言，下列哪一种吸引顾客的战略最可能失败？

    A. 店面地点选在都会精华地段   B. 商品性质与商圈性质彼此配合

C. 短期的促销战略   D. 加强购买点展示

21. 消费者通过购物网站购买产品，最不可能采用下列哪一种方式结账？

    A. 小额付款在便利商店缴纳   B. 宅配货到付款

C. 信用卡缴纳   D. 至卖方地点付现金

22. 液晶电视在中国市场的销售火爆，竞争品牌间的市场争夺加剧，厂商最不可能采取下列哪一种竞争战略？

    A. 多元化销售渠道   B. 吸脂定价战略

    C. 开发具有差异化功能的新产品   D. 推动促销方案

23. 下列有关"市场覆盖密度"的叙述，哪一项不正确？

    A. 市场覆盖密度亦即渠道的广度

    B. 泡面应采用密集式配销

    C. 服饰多采用独家式配销

    D. 厂商要求中间商不得销售其他竞争者的产品，称为独家经销

24. 7-Eleven 超商因为具有众多的零售据点和可观的集客能力，让许多供货商必须与他们合作，依赖其零售体系进行销售。这属于下列哪一种营销系统？

    A. 水平营销系统   B. 管理式垂直营销系统

    C. 所有权式垂直营销系统   D. 契约式垂直营销系统

25. 下列哪一种商品最适合采取密集式的渠道战略？

    A. 变速脚踏车   B. 雪衣   C. 高尔夫球具   D. 沐浴用品

26. 近来许多出版社自行设立网络书店，使得许多传统的实体书店被取代，此情形称为_____。

    A. 垂直整合   B. 再中介化   C. 定制化   D. 去中介化

27. 下列哪一种结账方式，在淘宝网的在线市场中最不常见？

    A. 小额付款在便利商店缴纳   B. 宅配货到付款

    C. 信用卡缴纳   D. 至卖方地点付现金

28. 销售给名人及富翁的珠宝讲求独特性，价格在千万元以上。由于高价珠宝的目标客户群位于世界各地，故珠宝商宜以_____作为主要运输工具。

    A. 铁路运输   B. 空运   C. 卡车货运   D. 水运或海运

29. 某家早餐连锁店指出附近另一家属于同一连锁早餐店在卫生及服务方面不佳，伤及整个连锁店形象。此种情况被称为_____。

    A. 水平渠道冲突   B. 垂直渠道冲突   C. 多重渠道冲突   D. 以上皆是

30. 出版社将书籍销售给新华书店，后者再转售给消费者。此种渠道层级称为_____。

    A. 零级渠道   B. 一级渠道   C. 二级渠道   D. 三级渠道

31. 目前我国的零售业数量相当多，规模与形态亦不相同，下列哪一项不是正确的论述？

    A. 超级市场贩卖的产品线最广，如服饰、家电用品、化妆品等

B. 便利商店规模通常比较小，且多位于住宅区附近

C. 专卖店的产品线窄而长，如运动器材店、家具店、花店、书店等

D. 常见的无店面零售包括邮购、人员直销、自动贩卖机等类型

32. "LA MER 海蓝之谜"是目前市面上最昂贵的护肤品之一，下列营销战略哪一项不正确？

    A. 着重经营品牌的质量与服务   B. 店面以进驻量贩店为主

    C. 以专卖店为店面形式   D. 产品线既广又长

33. 迪士尼在推出动画电影时，经常在麦当劳店中张贴电影海报或展示公仔，麦当劳亦通过赠送公仔吸引顾客。此渠道整合方式称为_____。

    A. 水平营销系统   B. 垂直营销系统

    C. 传统营销系统   D. 直接营销系统

34. 小王欲在自家小区里开一家漫画小说出租店，下列哪一项最不可能是要考虑的经营要素？

    A. 小区里是否已有同业竞争者   B. 营业时间是否要加长

    C. 边缘商圈的范围有多大   D. 小区居民有多少人

35. 宝洁（P&G）以"待客之道"对待批发商、经销商或零售卖场等渠道商，公司会指派渠道顾客服务小组专门负责，并提供完整的支持协助。此种渠道整合方式称为_____。

    A. 水平营销系统   B. 垂直营销系统   C. 传统营销系统   D. 直接营销系统

36. 服装模式的代表品牌 ZARA 自 2006 年进入中国以来，主要采用下列哪一种零售形式？

    A. 专卖店   B. 百货公司   C. 超级市场   D. 便利商店

37. 在运送笨重、低价值、不易腐的产品时，最不适合使用下列哪一种运输工具？

    A. 铁路运输   B. 空运   C. 卡车货运   D. 水运或海运

38. 消费性电子产品的销售渠道，最常采用下列哪一种配销战略？

    A. 密集式配销   B. 选择式配销   C. 独家式配销   D. 直接营销

39. 某家便利商店指控附近另一家相同的加盟店服务态度不佳，伤及整个加盟便利商店的形象。此种情况被称为_____。

    A. 水平渠道冲突   B. 垂直渠道冲突   C. 多重渠道冲突   D. 以上皆是

40. 健康食品制造商通过电视购物频道，让消费者邮购产品，这属于下列哪一种渠道层级？

    A. 零级渠道   B. 一级渠道   C. 二级渠道   D. 三级渠道

41. 下列哪一种实体零售渠道的产品线最广，包括服饰、家电用品、化妆品等？

A. 超级市场　　　　　B. 百货公司　　　　　C. 便利商店　　　　　D. 无店面零售

42. 戴尔（Dell）主要通过电话和网络销售产品，演变成目前全球知名的个人计算机领导厂商。这属于下列哪一种渠道层级？

　　A. 零级渠道　　　　　B. 一级渠道　　　　　C. 二级渠道　　　　　D. 三级渠道

43. 许多时尚知名品牌前来中国拓展市场，最不可能采取下列哪一种营销战略？

　　A. 着重经营品牌的质量与服务　　　　　B. 店面以进驻量贩店为主

　　C. 以专卖店为店面形式　　　　　D. 产品线既广又长

44. 零食制造商埋怨便利店没有给予恰当的货架摆设位置，这属于下列哪一种渠道冲突？

　　A. 水平渠道冲突　　　　　B. 垂直渠道冲突

　　C. 多重渠道冲突　　　　　D. 交叉渠道冲突

45. 百货公司与数家银行签约发行联名卡，卡友刷卡消费可获赠满额礼。此种异业结盟属于下列哪一种渠道整合方式？

　　A. 水平营销系统　　　　　B. 垂直营销系统

　　C. 传统营销系统　　　　　D. 直接营销系统

46. 华联超市加盟总部与旗下加盟店的合作关系，这属于下列哪一种渠道整合方式？

　　A. 水平营销系统　　　　　B. 垂直营销系统

　　C. 传统营销系统　　　　　D. 直接营销系统

47. "顾客人数随季节与气候变化，生意较不稳定"，这是描写下列哪一种商业区域类型？

　　A. 都会型区域　　　　　B. 转运型区域　　　　　C. 校园型区域　　　　　D. 游乐型区域

48. 联华超市以众多的零售据点和可观的聚客能力，让许多制造商必须依赖他们的零售体系并采取合作态度。这属于下列哪一种营销系统？

　　A. 管理式垂直营销系统　　　　　B. 所有权式垂直营销系统

　　C. 契约式垂直营销系统　　　　　D. 直接营销系统

49. 游客直接到农场（如大湖草莓园）去采草莓，此种销售方式属于下列哪一渠道层级？

　　A. 零级渠道　　　　　B. 一级渠道　　　　　C. 二级渠道　　　　　D. 三级渠道

50. 日本春酒季到来，许多旅行社纷纷以同业合团的方式，成立"出团中心"。这属于下列哪一种渠道整合方式？

　　A. 传统营销系统　　　　　B. 水平营销系统

　　C. 垂直营销系统　　　　　D. 契约式垂直营销系统

51. 顶好超市接手万福超市之后，增加了 22 个销售点，新的渠道让顶好超市对于制造商上架有更高的议价能力。这属于下列哪一种营销系统？

A. 层级营销系统   B. 管理式垂直营销系统

C. 所有权式垂直营销系统   D. 契约式垂直营销系统

52. 关于"购买决策形态",下列叙述哪一项不正确?

A. 例行性决策以内部搜寻与快速比较为主

B. 在做广泛性决策时,会经常请教朋友的意见

C. 购买日常用品属于广泛性决策

D. 需要花费很多时间、精力搜寻信息是属于涉入程度较高的决策

53. 消费者的购买决策,会受到个人"认知"与"学习"的影响,下列叙述哪一项不正确?

A. 类化效果即是"爱屋及乌"的效果

B. 电视购物台主持人在节目中说:"我新买的牛仔裤,都是先浸在食用醋当中,再以清水洗涤,因为可防止褪色。"对消费者而言,这是一种经验式的学习

C. 月晕效果可以说是一种"以偏概全"的判断方式

D. 男性消费者认为面膜是女性的专利,而很少去接触,这是一种刻板印象

54. 下列叙述哪一项不正确?

A. 服务往往使用直接渠道,但有时也会通过代理商

B. 代理商与制造商是一种代理关系,主要是抽取佣金

C. 经销商与制造商是一种买卖关系,要自负盈亏

D. 工业品渠道通常较消费品渠道更为复杂

[章节详解]

1.（B）【题解】制造商与顾客之间只有一层中间商,所以属于一级渠道。

2.（C）【题解】大众传播媒体属于公共来源。

3.（C）【题解】通常供货商对于小型零售商具有奖赏的权力,只要达到所规定的销售目标,就会额外得到一笔折扣或优惠。

4.（A）【题解】（A）应为密集式配销,在零售区域内尽量铺货,适合便利品。

5.（C）【题解】$3 \times 3 = 9$；$3 + 3 = 6$。

6.（D）【题解】消费者习惯去信息科技卖场以及大型连锁店,通过不断的产品比较而达到他们选择的目的,这都是戴尔没有深入经营的领域。

7.（C）【题解】欧美与日本的自动贩卖机销售的产品较多样化。

8.（C）【题解】连锁经营是指加盟总部将自己的商标、品牌、经营技术、服务等无形和有形资产,授权给加盟者使用的连锁经营模式。加盟者仅需负责药店门市的销售与

管理，其余有关商品的采购、促销活动、人员与商品教育训练皆由加盟总部提供，共享规模经济所带来的一切利益。

9.（B）【题解】上班时间不适合饮用烈酒。

10.（C）【题解】独家代理易引起其他渠道业者的不满，为争取产品上市而产生激烈竞争。

11.（C）【题解】百货公司的产品部门种类大同小异，并非影响人潮的主要因素。

12.（B）【题解】竞争激烈的市场代表品牌之间的差异化程度较小，不适合采用吸脂定价战略。多元化销售渠道可以接触到新的市场区隔以扩大市场。

13.（B）【题解】（A）便利店比其他渠道成员更能接触广大的消费者，具有更优越的知识与信息，具有专业的权力，协助制造商开发更具市场潜力的产品。（C）、（D）连锁便利店对于配合代工的制造商可以给予上架费或上架位置的优惠，对于不愿配合者则撤销上架空间。（B）是指制造商与连锁便利店的关系建立始于契约或垂直整合，依法可要求一方听命于另外一方。

14.（B）【题解】华联超市兴建物流和仓储中心，为华联超市量身设计，以确保运送质量与解决缺货的问题。

15.（C）【题解】$4 \times 4 = 16$；$4 + 4 = 8$。

16.（C）【题解】选项（C）应改为走向复合式经营，如加油站附设便利商店，书店兼卖咖啡等。专业化经营只能锁定利基市场，不利于开发客源。

17.（A）【题解】亚马逊称霸网络书店市场，但在实体渠道开店只是初步构想，尚未普及。

18.（B）【题解】加盟总部与加盟店之间的合作关系，属于垂直营销系统。

19.（C）【题解】独家销售主要针对利基市场，不利于扩大市场占有率。

20.（A）【题解】创业者需避免盲目追求金店面，因为一级商圈的竞争者太多，知名度不足的店家不易生存，在二级、三级商圈或许更有机会。

21.（D）【题解】（D）的做法不符合网络购买的用意。

22.（B）【题解】竞争激烈的市场代表品牌之间的差异化程度较小，不适合采用吸脂定价战略。多元化销售渠道可以接触到新的市场区隔，扩大市场。

23.（C）【题解】服饰多采用选择式配销，使得厂商能够涵盖相当广泛的销售区域，且负担的成本比密集式配销为低。

24.（B）【题解】管理式垂直营销系统是依靠渠道中某家具有相当规模与力量的厂商，以及其他渠道成员服从领导而形成。

25.（D）【题解】密集式配销适用于便利品，即消费者对此类商品需要较大的地点便利性。

26.（D）【题解】去中介化是减少渠道层级，如消费者可直接通过网络向出版社买书，不再一定需要通过书店渠道。而"再中介化"，则刚好相反，如保险公司可直接卖保险给消费者，但有些保险公司将产品卖给保险经纪人，再由保险经纪人卖给保户。

27.（D）【题解】（D）的做法不符合网络购买的用意。

28.（B）【题解】产品通过空运能够最快抵达世界各地，且珠宝重量轻，其空运成本有限。

29.（A）【题解】水平渠道冲突是指在同一个渠道层级中，渠道成员彼此竞争而产生的冲突。

30.（B）【题解】一级渠道是指制造商与顾客之间只有一层中间商，本例中为书店。

31.（A）【题解】（A）应为百货公司。

32.（B）【题解】店面以进驻百货公司或购物中心为主，符合知名品牌的形象。

33.（A）【题解】水平营销系统是指同层级的组织所形成的合作体系（如两家零售商合作）。

34.（C）【题解】小区型商业区域的零售业以服务小区居民为主，故（C）应改为主要商圈即小区居民徒步可到的范围。

35.（B）【题解】垂直营销系统是用来整合上、中、下游的厂商，以便有效管理渠道成员的行动。

36.（A）【题解】ZARA 是时尚服饰品牌，以专卖店形式，只销售服饰产品。

37.（B）【题解】空运的单位运送成本最高，且载货重量有限。

38.（B）【题解】消费性电子产品属于选购品，消费者很久才会买一次，不必采用密集式配销，多采用选择式配销以涵盖广泛的销售区域。

39.（A）【题解】水平渠道冲突是指在同一个渠道层级中，渠道成员彼此竞争而产生的冲突。

40.（A）【题解】零级渠道是指制造商将产品直接销售给顾客，本题是制造商通过邮寄将产品直接寄给顾客。

41.（B）【题解】百货公司的产品线相当多元，包括化妆品、服饰、珠宝、家电、玩具等。

42.（A）【题解】零级渠道是指制造商将产品直接销售给顾客，本题是制造商通过邮寄将产品直接寄给顾客。

43.（B）【题解】店面应以进驻百货公司或购物中心为主，符合知名品牌的形象。

44.（B）【题解】垂直渠道冲突是指在同一个渠道体系内，不同属级的渠道成员之间所产生的冲突。

45.（A）【题解】水平营销系统是指同层级的组织所形成的合作体系（如两家零售商合作），此种合作可以是同业间，也可以跨行业。

46.（B）【题解】加盟总部与加盟店之间的合作关系，属于垂直营销系统。

47.（D）【题解】游乐型商业区域的顾客以游客为主，人数随季节与气候变化，生意较不稳定。

48.（A）【题解】管理式垂直营销系统是依靠渠道中具有相当规模力量的某家厂商的领导，以及其他渠道成员服从其领导而形成。

49.（A）【题解】游客直接到大湖去采草莓，即生产者与消费者直接交易，中间没有经销商、零售商、批发商等，故为零级渠道。

50.（B）【题解】水平营销系统是针对横向的关系，也就是同层级的组织所形成的合作体系，而这种合作关系可以是同业之间，也可以是跨行业的。旅行社与旅行社之间，成立"出团中心"，是属于水平营销渠道系统。

51.（D）【题解】契约式垂直营销系统中，渠道成员之间的作业会受到契约规范，但是制造商与中间商不属于同一个所有权。这种系统的形成可以由批发商、零售商或制造商发起。本题目为由零售商发起的契约式垂直营销系统。

52.（C）【题解】例行性决策是指消费者购买便宜、熟悉的或不重要的产品。购买日常用品应属于例行性决策。

53.（B）【题解】经验式学习是通过实际的体验而带来的行为改变，本题属于观念式学习。观念式学习是一种间接的学习方式，主要通过观察他人行为或外来信息等来学习知识。

54.（D）【题解】消费品渠道通常较工业品渠道更为复杂。

第八章　销售推广策略

1. 肯德基"45天速成鸡"事件发生后立即召开记者会向社会大众说明与道歉，这属于下列哪一种沟通战略？

A. 事件行销　　　　B. 公共关系　　　　C. 电视广告　　　　D. 直效行销

2. 近几年的信用卡市场流行以"消费额的固定比例捐赠公益活动"为广告要求，下列哪一项最不可能是其主要目的？

A. 增加信用卡的发卡数量　　　　　　B. 树立良好的社会公益形象

C. 有利建立与竞争者差异化的定位　　D. 鼓励消费者多使用信用卡付款

3. 下列有关折价券的发放方式，哪一项较易于用来衡量每位消费者的个人价格敏感度？

A. 派人街上发送　　　　　　　　　　B. 提供网络下载

C. 刊登于平面媒体广告　　　　　　　D. 折价券附有序号，通过邮寄发送

4. 下列哪一项的推广战略最不重视人员销售？

A. 开架式保养品　　B. 汽车　　　　C. 人寿保险　　　　D. 夜市叫卖

5. 因为汽车轮胎处于产品生命周期的成熟期，故较不适合使用下列哪一种推广方式？

A. 公共关系　　　　B. 说服性的广告　　C. 降价促销　　　D. 提醒性的广告

6. 某家生物科技公司欲引起消费者对新推出的保健产品的购买意愿，因此将产品广告刊登在健康杂志上，以期使消费者主动到药店询问并购买，此营销战略为_____。

A. 意见广告　　　　B. 拉式战略　　　　C. 推式战略　　　D. 社论式广告

7. 国内某连锁便利商店曾推出一则广告，说明每家店面在半夜时将熄灭一半招牌广告的电灯，以响应节能减碳、爱护地球的活动。此属于下列哪一种类型的广告？

A. 产品广告　　　　B. 机构广告　　　　C. 前导广告　　　D. 环境广告

8. 下列哪一项产品较适合用个人推销的方式销售？

A. 玫瑰花　　　　　B. 洗衣机　　　　　C. 点心　　　　　D. 茶杯

9. 某家饮料制造商，试图将茶叶饮料标准化后装瓶贩售，让消费者可以立即享用，省去自己在家泡茶的等待时间。如果你是营销主管，你会建议老板采用下列哪一种方式推广产品？

A. 公共关系   B. 人员销售

C. 广告与促销   D. 公开与直接的行销

10. 某家新上市的宠物饲料公司，强调提供给宠物狗最健康有机的食品。公司在各动物医院皆有摆置商品广告与试吃包，并于电视与平面播放广告，另外还设置专门网站提供消费者咨询服务。就沟通流程而言，这家宠物饲料公司使用了相当多元化的_____。

A. 信息编码   B. 发送者   C. 沟通渠道   D. 信息解码

11. 许多知名彩妆品牌在推出每季的新彩妆品时，总会在电视、户外大型广告牌、杂志以及各大美容入口网站等媒体增加曝光度，这些活动可总称为_____。

A. 广告   B. 人员销售   C. 促销   D. 公共关系

12. 奥利奥（Oreo）利用经典广告台词："扭一扭，舔一舔，泡一泡"，向消费者宣传产品的独特之处，这是主打_____诉求？

A. 感性诉求   B. 独特的销售主张   C. 理性广告   D. 趣味性广告

13. 提到小米手机，有一句经典口号："为发烧而生。"小米一开始选择此口号的诉求为_____。

A. 感性诉求   B. 理性诉求   C. 趣味及娱乐诉求   D. 环保意识

14. 有些餐厅会在柜台或店内张贴报纸与杂志专访的全文内容。这些餐厅是采用下列哪一种宣传手法？

A. 促销   B. 免费广告   C. 直接行销沟通   D. 公共报道

15. 有些公司会将自己的产品与品牌在偶像剧或电影剧情中呈现，如男主角用的电脑是 Lenovo 的笔记本电脑，桌上摆的是可口可乐。此种营销手法可称为_____。

A. 置入性营销   B. 新产品公共报道   C. 活动赞助   D. 消费者教育

16. 下列哪一项产品在媒体排期上应选择季节式媒体排期较为恰当？

A. 洗衣粉   B. 咖啡   C. 防晒霜   D. 香烟

17. 下列哪一则广告不属于感性诉求？

A. "为发烧而生"——小米手机

B. "钻石恒久远，一颗永流传"——De Beers

C. "天天都便宜"——家乐福

D. "多一度热爱"——361°

18. 小明是销售大型输出事务机的业务员，其公司规定大宗采购 15 台事务机可享有八折的价格优惠。前日他与某客户达成交易协定，该公司以九折价格优惠购买 20 台事务机，但须享有免费安装以及五年免费保修与送修的服务。小明运用下列哪一种手法与客户达成交易共识？

A. 归纳   B. 假设   C. 协商   D. 适应

19. 陈经理明日有国外客户到访，事前已知悉对方偏爱西餐。由于陈经理生性节俭，平日公务繁忙，少有闲暇时间到餐厅用餐，苦恼之际，恰好想起两天前杂志上刊登了一篇关于王品集团优质服务的相关报道，因此决定选择王品牛排作为明日宴客的地点。这是王品集团下列哪一种宣传手法奏效？

  A. 消费者教育   B. 活动赞助   C. 公共报道   D. 企业沟通

20. 企业在面对负面公共报道或危机时，其处理与应对的手法显得格外重要。下列事件发生后，哪一家公司缺乏妥善的处理？

  A. 肯德基"45天速成鸡"事件   B. 雅培奶粉质量问题

  C. 农心拉面"致癌门"   D. 三鹿奶粉测出内含三聚氰胺

21. 小红针对上班族设计了一系列高纤低卡的轻食午餐，以满足年轻女性追求健康窈窕的需要，并将目标顾客锁定为上海市陆家嘴商圈的年轻女性上班族。为了了解潜在消费者并打响知名度，小红亲自到各公司介绍自己的商品，并期望借此刺激购买意愿与建立客群。上述内容是下列哪一项行为？

  A. 需求评估   B. 筛选潜在购买者

  C. 人脉活动   D. 未经介绍的拜访

22. 小明是某房屋中介所的业务人员。过去顾客常抱怨要买卖房屋时必须亲自到现场才能观察房子的实际状况，且无法在下班时间弹性地取得房屋资讯。自从该房屋中介所设立网站后，顾客可以利用网络寻找充分的房屋资讯，甚至利用网络的达人实境导览服务在家看屋，小明的服务效率与销售业绩因而增长许多。这是销售过程中的哪一个步骤？

  A. 发展及提出解决方案   B. 判断顾客需要需求

  C. 处理反对意见   D. 筛选潜在购买者

23. 麦当劳店门口的麦当劳叔叔塑像生动，希望可吸引消费者注意以增加销售机会。此种促销活动称为_____。

  A. 赠品   B. 店头展示   C. 免费样品   D. 抽奖

24. 麦当劳等知名连锁店家常常印刷大量折价券，然后以请人发放或来店索取等方式送到消费者手上。下列哪一项不是其主要目的？

  A. 有利于进行数据库营销   B. 吸引客人上门购买

  C. 有利建立与竞争者差异化的定位   D. 提升店家忠诚度

25. 对于在街道上分发产品试用包的促销方式，下列说法哪一项不正确？

  A. 称为免费样品促销   B. 相对于其他促销方式，其成本较低

  C. 经常使用于全新上市或新改良产品的推广   D. 有助于提升顾客的使用意愿

26. 对于"品牌计算机指名 Intel、Microsoft，买就送 8G 随身碟"的促销方式。下列说法哪一项不正确？

A. 称为赠品促销　　　　　　　　　　B. 以促销品牌计算机为主

C. 有助于提升随身碟的出货量　　　　D. 赠品与主商品之间不必然要有关联性

27. 伊利牛奶为提升零售商的合作意愿，使促销活动得以顺利进行。下列做法哪一项最不符合此目的？

A. 免费提供冰箱给零售商

B. 给予零售商津贴争取理想的陈列位置

C. 提供消费者买牛奶搭配面包省 10 元的优惠

D. 举办销售竞赛，得胜店家获得实质奖励

28. 下列关于推广工具的应用哪一项不正确？

A. 促销通常属于短期性的活动　　　　B. 展销会是公共关系的方式之一

C. 广告的购买效果不如促销快速　　　D. 机构式广告有助于企业形象的建立

29. 苹果计算机的广告中出现了从 Microsoft 系统转换为 Mac 系统的用户。苹果计算机使用了什么广告技巧？

A. 幻想诉求　　　B. 推荐人或背书　　　C. 家居生活　　　D. 生活形态

30. 广告通常会建立与梦幻相关的主题。例如，Gap 引进香水名为"梦幻"，广告的内容为一位小女生无忧地沉睡着，并拥有属于自己的白日梦。这类广告属于_____。

A. 生活形态　　　B. 家居生活　　　C. 心情或印象　　　D. 幻想诉求

31. 演唱会、音乐舞台剧门票，为了便利观众购买且期望能在有限时间内售完，常利用网络方式售票。此为下列哪一种配销方式？

A. 专卖式配销　　　B. 密集式配销　　　C. 选择式配销　　　D. 以上皆非

32. 在超市、便利商店、百货公司里都可以看到某个牌子的矿泉水。这是采取下列哪一项方式？

A. 密集式配销　　　B. 选择式配销　　　C. 专卖式配销　　　D. 以上皆非

33. 2009 年世界运动会可见许多可口可乐赞助世运活动的旗帜以及结合世运主题的商品，可口可乐公司是采用下列哪一项方式进行营销？

A. 整合式营销传播　　B. 直效营销传播　　C. 人员销售　　　D. 促销

34. 埃克森（Exxon）石油公司在阿拉斯加漏油事件后，即针对环境问题而发布广告。此广告属于_____。

A. 企业形象广告　　B. 公共服务广告　　C. 企业呼吁广告　　D. 直接响应广告

35. 班尼顿（Benetton）服饰曾以艾滋病作为广告议题。广告设计目的在于引起大众注意，认为该公司是具有良心的业者。此种结合经济性及社会性的营销方式为_____。

A. 隐藏式营销　　　B. 善因营销　　　C. 直接营销　　　D. 间接营销

36. 微软公司与 Taco Bell 公司以及 Sobe 饮料公司合作，共同促销家用电视游戏机

"Xbox"，只要参加游戏竞赛，Taco Bell 及 Sobe 公司就会提供免费的食物及饮料。此种促销方式称为_____。

　　A. 联合销售　　　　　B. 整包特价促销　　　C. 折价券　　　　　D. 分送样品

37. 下列哪一家公司不是采取直接营销的方式来销售？

　　A. 戴尔计算机　　　　　　　　　　　B. e-Bay 网站

　　C. 亚马逊书店　　　　　　　　　　　D. 中晋网络电话公司

38. 沃尔玛（Wal-mart）全球批发业者在北美、亚洲、英国等地开设不少商店，规模大于一般的折扣店，贩卖各种易腐性的包装食品、服饰、电器等用品。沃尔玛属于下列哪一种批发商？

　　A. 寄卖批发商　　　　　　　　　　　B. 型录批发商

　　C. 付款取货批发商　　　　　　　　　D. 批发俱乐部

39. 在_____的概念下，公司会仔细地整合和协调许多沟通渠道来传递清楚、一致性且有可信度的组织及品牌信息。

　　A. 大众营销　　　　　B. 一对一营销　　　C. 市场分割化　　　D. 整合营销沟通

40. 未来的业务员应该具备下列哪些能力？

　　A. 将顾客与公司的战略目标整合在一起，而达成双赢局面

　　B. 考虑顾客对产品的需求前，要评估企业潜力以及提高顾客关系的价值

　　C. 将公司信息组合，建立以顾客为主的关系，并时常自我评估与保持学习

　　D. 以上皆是

41. 当公司成立自己的营销渠道来贩卖商品时，这种做法称为_____；当公司自行供应其在生产时所需的原物料时，这种做法称为_____。

　　A. 向前整合；向后整合　　　　　　　B. 向后整合；向前整合

　　C. 向前整合；向前整合　　　　　　　D. 向后整合；向后整合

42. 渠道战略为分配资源，以达到渠道目标的一般行动计划或方针，通常会包含许多领域的决策，关于这些决策领域，下列哪一项不正确？

　　A. 购买者偏好　　　　B. 关系导向　　　　C. 市场涵盖程度　　　D. 以上皆是

43. 零售商在营销渠道上下列有哪些独特性？

　　A. 销售数量小而次数多　　　　　　　B. 提供产品分类

　　C. 特殊装潢布置、气氛、色彩规划　　D. 以上皆是

44. 向消费者促销的目标有：①刺激试用；②增加消费者库存与消费；③鼓励再购；④抵销竞争者促销活动；⑤增加互补性产品的销售；⑥刺激冲动性购买；⑦让价格弹性提高。上述说法中正确的有几项？

　　A. 4 项　　　　　　　B. 5 项　　　　　　　C. 6 项　　　　　　　D. 7 项

45. 下列哪一项不是整合营销沟通（IMC）的叙述？

A. IMC 通过联系公司的印象和信息在市场上建立强大的品牌认同

B. IMC 指将公司信息、定位和印象与所有营销沟通整合在一起

C. 指在公司网站上看到的信息与对外发布的信息、公共关系和广告无关

D. IMC 需要认同合约所有内容，让消费者放心公司产品及品牌

46. B2B 公司通常会投入许多资金在人员销售上，其次是促销活动、广告和公共关系。这意味 B2B 公司倾向_____多于_____。

A. 推式战略；拉式战略　　　　　　　　B. 厂商促销；拉式战略

C. 拉式战略；推式战略　　　　　　　　D. 消费者广告；厂商促销

47. 随着市场竞争日趋激烈，媒介传播速度越来越快，4P 理论（Product（产品）、Price（价格）、Place（渠道）、Promotion（促销））越来越受到挑战。到 20 世纪 80 年代，美国学者劳特朋针对 4P 存在的问题提出了 4C 营销理论，请问 4C 是指什么？

A. Customer（顾客）、Cost（成本）、Convenience（便利）和 Communication（沟通）

B. Customer（顾客）、Confidence（信任）、Cost（成本）和 Cooperation（合作）

C. Customer（顾客）、Confidence（信任）、Convenience（便利）和 Communication（沟通）

D. Customer（顾客）、Cost（成本）、Creation（创造）和 Communication（沟通）

48. 近年来，兴起一种用亚克力板隔出来的实体立方体橱窗"格子铺"、"格子趣"来展示及贩卖产品的方式。"时尚 2007"引进后，成为新的创意营销渠道，这类似下列哪一种零售方式？

A. 加盟店　　　　B. 租赁专柜　　　　C. 合作社　　　　D. 网络拍卖

49. 某药妆店厂商代表，针对办公室经理人员和医生进行一场销售提案会议，这样的营销传播渠道是下列哪一项？

A. 人员推广　　　　B. 专家意见　　　　C. 鼓吹者　　　　D. 非正式

50. 录像带、光盘、DVD 和网页，是指下列哪一种媒体？

A. 平面媒体　　　　B. 广播电视媒体　　　　C. 电子媒体　　　　D. 展示媒体

51. 在现今的营销领域中，直接式营销的成长如此快速的原因是下列哪一项？

A. 其效果容易衡量

B. 消费者更能接受它

C. 其响应率增长迅速

D. 厂商对消费者隐私的重视让消费者增添信心

[章节详解]

1.（B）【题解】公共关系是公司利用各种方案来提升或保护公司与产品的形象。

2.（A）【题解】增加信用卡发量的方法以提高实际经济效益为主，捐赠公益活动的促销效果较为间接。

3.（D）【题解】通过邮寄代表已知收件者的个人信息，有序号的折价券于交易时可记录于事务数据库，故可用以衡量消费者个人的价格敏感度。

4.（A）【题解】通过药妆店、大卖场、便利商店设立的柜子，都称为开架式。开架式商品省去的广告费、人员费，价位比专柜的商品便宜不少。消费者可以尽情地试用商品，且不会有被推销的压力。

5.（A）【题解】在成熟阶段，会强调促销、说服性与提醒性的广告。

6.（B）【题解】拉式战略是通过激发消费者的需求，来取得销售产品的机会。

7.（B）【题解】机构广告又称企业广告，其目的是推广整个企业，借以建立、改变并维持企业形象，通常这类广告不会要求消费者做任何购买行为。

8.（B）【题解】洗衣机是比较复杂且高单价的产品，由于消费者并不经常购买这类产品，若能由专业人员为顾客进行介绍，将可有效解决顾客的疑虑并提高顾客的购买意愿。

9.（C）【题解】标准化的产品通常价格较低，且广泛地提供给消费者，此类产品最常利用广告与促销来推广产品。

10.（C）【题解】沟通渠道是信息传递的媒介。

11.（A）【题解】只要是由具体的赞助商以付费方式取得的沟通渠道，都可以称为广告。

12.（B）【题解】广告活动所选择的诉求，广告主称为独特的销售主张。

13.（A）【题解】感性诉求是指营销人员找出消费者正确的情绪反应，借此去激发消费者的正面或负面情绪，来刺激他的购买意愿。

14.（D）【题解】公共报道指的是希望能够捕捉媒体注意力的努力。

15.（A）【题解】置入性营销是让公司的产品出现在特殊场合、电影或电视剧当中，借以获得公共报道。

16.（C）【题解】季节式媒体排期是在一年当中的特定时段播放广告。

17.（C）【题解】感性诉求是指试图刺激消费者正面或负面的情绪感受，以便对消费者产生影响效果。

18.（C）【题解】协商是销售人员和潜在顾客两者都提供特别的让步，希望能够达成销售共识。

19.（C）【题解】公共报道指的是希望能够捕捉媒体注意力的努力。

20.（D）【题解】危机管理是企业致力于处理负面公共报道的影响，确保在紧急时与大众做快速、正确的沟通。

21.（D）【题解】未经介绍的拜访是销售人员在对于潜在购买者的需要和财务状况并不了解的情况下，直接接触潜在购买者的营销活动。

22.（A）【题解】一旦销售人员搜集到关于客户需要与欲求的资讯，下一步就该思索公司的产品是否符合客户需求。有些时候，科技会成为销售人员报告解决方案的重要部分。

23.（B）【题解】店头展示是指在商店内摆设引人注目的海报或特殊设计。

24.（A）【题解】传统折价券的发放方式如天女散花，未做任何编码处理，其交易记录不易列入事务数据库。

25.（B）【题解】免费样品促销的成本包括试用品成本、人力资源、邮资等，故高于其他促销方式。

26.（D）【题解】赠品促销是为了吸引消费者购买特定产品而免费赠送某商品。主商品与赠品的关联性越高，促销效果越好。

27.（C）【题解】（C）是提供给消费者的促销诱因，并非提供给零售商。

28.（B）【题解】（D）商展属于促销的方式。

29.（B）【题解】通过使用过的消费者来推荐，可以增加其说服力，达到销售业绩。

30.（D）【题解】幻想诉求是指广告中使用动画人物或梦幻性人物，这种取向相当吸引儿童或充满幻想的人。

31.（A）【题解】专卖式配销指在一个区域市场里，仅指定一家经销商。采取专卖式配销，得在有限时间内销售特定商品。因此，适合用在音乐会门票等时效性产品。

32.（A）【题解】企业把产品分配到各种渠道中，让消费者可以在最方便的情况下买到产品。这种方式适合售价较低或重复购买性的便利品，如日常用品、文具用品等。

33.（A）【题解】IMC 为针对目标市场以战略性整合各种营销方式，进行水平及垂直整合，将其变成完整性和一致性的信息。其中，赞助活动是 IMC 的重要部分。

34.（C）【题解】企业呼吁广告是发表公司对营运问题的立场，而这些问题常威胁到公司利益。

35.（B）【题解】善因营销是以社会发生的现象，作为善因的缘由，然而活动的真正目的可以从纯经济性到纯社会性利益不等。

36.（A）【题解】联合销售是指两个或以上的厂商互相合作的促销，可加强所有参与厂商的营销效果。

37.（D）【题解】戴尔计算机、e-Bay 网站、亚马逊书店都是采用网络购买机制，完全网络浏览、下单、完成交易，属于直销的一种（网络直销）。

38.（D）【题解】顾名思义，批发俱乐部就像俱乐部一样采取会员制度，俱乐部会员交付年费后，即可购买较零售商价格低的产品。

39.（D）【题解】IMC 是谨慎地整合所有推广活动与信息，以产生吸引顾客的一致性信息。

40.（D）【题解】未来环境的变动，使业务员势必要因环境做调整，以顾客为导向并配合公司战略的发展。

41.（A）【题解】向前整合是将活动项目向下游方向扩充，而向后整合是将活动项目向上游方向扩充。

42.（D）【题解】拟定渠道战略会涉及三个领域的决策，分别为购买者偏好、关系导向以及市场涵盖范围。

43.（D）【题解】零售商处理的顾客交易是数量小而次数多，并且提供产品的分类。对大多数的零售商而言，一个令人轻松的购物环境，比其他渠道层次要来得重要，这与其他营销渠道不同。

44.（D）【题解】七项都是消费者促销的目标。

45.（C）【题解】IMC 谨慎地整合所有推广活动与信息，以产生吸引顾客的一致性信息。根据 IMC 的概念，营销人员应审慎界定不同的推广要素在营销推广组合中的角色。

46.（A）【题解】推式战略强调以人力销售的方式，营销者针对中间商进行推广；拉式战略强调直接使用大众媒体广告的方式，营销者针对消费者与最终消费者进行推广。

47.（A）【题解】4C 分别指代 Customer（顾客）、Cost（成本）、Convenience（便利）和 Communication（沟通）。Customer 主要指顾客的需求；Cost 不单是企业的生产成本，或者说 4P 中的价格；Convenience 即所谓为顾客提供最大的购物和使用便利；Communication 则被用以取代 4P 中对应的 Promotion（促销）。

48.（B）【题解】租赁专柜指业主在零售店中，划出部分空间租给承租人。对出租人而言有租金的收入，对承租人来说有个空间可以贩卖并展示产品，彼此都受益。

49.（A）【题解】药妆店厂商代表进行销售提案会议，为人员推广。

50.（C）【题解】（C）电子媒体。

51.（A）【题解】直接式营销效果直接且明显，故为（A），其效果容易衡量。

第九章　其他议题

1. 因为服务具有无形的特性，品牌的强化与记忆对服务业而言便相当重要。在此考虑下，若你打算成立一家美容院时，应注意什么？

A. 教育经验 　　　　　　　　　　　　B. 办公室的地点

C. 创造一个容易被顾客辨识的品牌名称 　　D. 个人的喜好

2. 人们到星巴克除了喝咖啡之外，更想体会专属于星巴克的文化与店内氛围，这是因为星巴克是执行下列哪一种战略的最佳典范？

A. 内部营销 　　　B. 外部营销 　　　C. 事件营销 　　　D. 体验营销

3. 旅行社在设计景点旅游活动的时候，着重于导游解说，搭配景点主题设计有趣互动的小游戏，使游客主动接受，在无形中学习了解。此种做法属于下列哪一种战略？

A. 内部营销 　　　B. 外部营销 　　　C. 事件营销 　　　D. 体验营销

4. 服务可能拥有高度的搜寻品质，下列哪一项产品相对而言不具有搜寻品质？

A. 室内装潢 　　　B. 餐厅 　　　C. 发廊 　　　D. 医疗服务

5. 下列哪一种服务不属于高经验属性的范例？

A. 餐饮 　　　B. 旅游 　　　C. 宗教活动 　　　D. 室内装潢

6. 王大婶因为最近从普陀区搬到浦东新区，所以想更换一家干洗店。王大婶的例子是下列哪一种顾客转换行为？

A. 当场服务不当 　　　　　　　　　　B. 核心服务失败

C. 对服务失败的回应 　　　　　　　　D. 非自愿性转换

7. 有位商务客住进君悦酒店（Hyatt Hotels），但他不喜欢他的房间，于是利用电视遥控器发送意见。令他惊讶的是，五分钟后接到电话，饭店经理告诉他因为酒店客满，无法替他更换房间，但是可以因为此次的不便而给予他其他招待。这个例子说明了服务品质管理的哪一项作为？

A. 处理顾客抱怨 　　　　　　　　　　B. 自助服务科技

C. 监视系统 　　　　　　　　　　　　D. 满足员工也满足顾客

8. 服务的提供在许多方面都是可以被差异化的。以航空业者为例，许多业者纷纷提出各具特色的服务，下列哪一项属于特色服务？

    A. 空对地电话服务　　　　　　　　　　B. 端午节的粽子餐

    C. 机舱内电影院　　　　　　　　　　　D. 以上皆是

9. 许多服务业如航空公司、百货公司、银行、餐厅等，他们接待、服务或接电话的礼仪均定有标准与规范。例如，微笑的样子、鞠躬的方式或招呼客人的态度，都要求使用标准姿势及用语。这些做法最适合克服下列哪一种服务特性？

    A. 无形性　　　　B. 不可分割性　　　　C. 易变性　　　　D. 不可储存性

10. 餐厅将所有食材餐点及饮料作业以定量、定时、定温的数据化方式来操作，是为了克服下列哪一种服务特性？

    A. 无形性　　　　B. 不可分割性　　　　C. 易变性　　　　D. 不可储存性

11. 亚马逊网络书店在小明上次购买 CD 随身听三个月之后，寄来一封电子邮件邀请他上网填写与分享此次购物经验或产品使用心得，并额外赠送 10 元的折扣优惠。亚马逊是在进行下列哪一项营销活动？

    A. 顾客满意计划　　　　　　　　　　　B. 顾客流失评估计划

    C. 数据库营销　　　　　　　　　　　　D. 现金折扣

12. 小明在亚马逊网络书店购买了一本营销战略的书籍，两个月之后，亚马逊寄来一封电子邮件告诉他说买了此书的消费者也买了一本新推出的网络营销的书籍。亚马逊所进行的营销活动是_____。

    A. 被动式营销　　　　B. 垃圾营销　　　　C. 新产品推荐　　　　D. 社群营销

13. 数据库营销中，常见的 RFM 分析可用来了解顾客的购买行为，其中的 F 是用来衡量_____。

    A. 购买频率　　　　　　　　　　　　　B. 交易的流畅性

    C. 购买金额　　　　　　　　　　　　　D. 最近一次的购买日期

14. 下列针对"顾客关系管理是企业当前重要的课题"的原因描述中，哪一项是正确的？

    A. 消费者忠诚度降低

    B. 消费者寻求能改变时间或节省时间的科技

    C. 消费者无法容忍低服务水平

    D. 以上皆是

15. 以《时尚》杂志而言，续订率是衡量_____的好指标。

    A. 顾客购买频率　　　　B. 顾客满意度　　　　C. 顾客保留率　　　　D. 顾客支持率

16. 有些公司发现客户关系管理（CRM）的执行毫无进展，下列哪一项可能是影响的因素？

    A. 系统设计不佳　　　　　　　　　　　B. 会员人数太多

C. 公司过于强调顾客导向的思维　　　　D. 过于强调关系利益

17. 对厂商而言，下列哪一项是有长期效益的"会员制营销方案"？

A. 加入山姆会员商店，可享每年多次的购物优惠

B. 满 10 送 1 的集点卡

C. 免费申请的租书店会员卡，可享有租书优惠

D. 输入身份数据即可有权限读取文章的论坛

18. 利用顾客价值为主的营销活动能做出优越的营销决策，如此可达成许多利益。下列哪一项正确？

A. 提升利润与投资报酬率　　　　　　　B. 使静蛰的顾客能再活络起来

C. 提高顾客保留率　　　　　　　　　　D. 以上皆是

19. John 曾在亚马逊购买书籍，当他再次登入时，该网页上立即显示"Hi John, Welcome"，并且记录着他曾经浏览的产品信息以及亚马逊对相关产品的推荐与介绍信息。下列对亚马逊的说明哪一项正确？

A. 提供定制化服务的接口服务　　　　　B. 是一种顾客关系营销战略

C. 运用定制化的新产品推荐系统　　　　D. 以上皆是

20. 下列哪一项是数据库营销的好处？

A. 有利于新产品推荐的营销活动　　　　B. 了解顾客实际的购买行为

C. 了解顾客的购买偏好　　　　　　　　D. 以上皆是

21. 丽思卡尔顿酒店的服务，不但大厅门卫会亲切地称呼姓名，房内有专用的信纸与名片，另外房内也会备有专用的手机，转接任何打到酒店中的私人电话，以"体贴入微，更胜于家"的核心宗旨提供住宿的客人最高的舒适与便利，这是下列哪一项？

A. 顾客关系管理

B. 顾客组合分析

C. 使公司内部的所有部门人员具有顾客导向思维

D. 服务人员管理

22. 小明经常到 7-Eleven 购买产品，但每次的交易金额并不高，下列哪一项营销战略活动最有可能提高他的购买金额并使他的顾客价值提升？

A. 来店就送"来店礼"　　　　　　　　B. 饮料买一送一

C. 满 500 送 100 元折价券　　　　　　D. 每件商品都 9.5 折

23. _____是公司所有顾客终身价值折现的总值。

A. 顾客权益　　　　B. 忠诚度　　　　　C. 品牌权益　　　　D. 顾客忠诚

24. 顾客数据库理想上应涵盖下列哪一项？

A. 顾客人口统计资料　　　　　　　　　B. 顾客过去消费信息

C. 顾客使用过的信息 　　　　　　　　D. 以上皆是

25. 哈雷机车公司赞助哈雷车友会，首次购买哈雷机车的车主可享有一年免费会员，会员福利包含获赠一本名为《Hog Ta les》的杂志、旅游手册、紧急道路服务、特别设计的保险、失窃奖赏服务、折扣旅馆费率，以及在度假时可租用哈雷机车。公司也推出 H.O.G 的网站，包括俱乐部分会、事件与特别会员专区的信息。上述哈雷机车的营销活动有助于下列哪一项？

A. 进行数据库营销 　　　　　　　　B. 进行服务补救

C. 进行顾客差异化 　　　　　　　　D. 提高车主对产品的使用率

26. 在万达百货公司周年庆的活动中，许多知名品牌的保养品也打了很大的折扣，小美是碧欧泉（BIOTHERM）品牌的爱用者，与该专柜小姐有着良好的商业友谊关系。专柜小姐通知她，因为她是贵宾客户，将可为她预先保留限量 30 组的优惠套装，所以当其他消费者必须一大早排队抢购限量商品时，小美早已经先预定了 1 组优惠商品。碧欧泉专柜小姐是通过增加下列哪一项顾客联结来强化顾客关系？

A. 增加促销收益　　B. 增加市场占有率　　C. 增加社交利益　　　D. 增加组织利益

27. 药商与医院伙伴关系紧密，药商提供医院药品分类与管理系统的服务，药商是通过增加下列哪一项顾客联结来强化顾客关系？

A. 增加长期利益　　　B. 增加短期利益　　　C. 增加结构利益　　　D. 增加组织利益

28. 业界著名的"80-20 法则"是指_____。

A. 20% 的利润来自公司 60% 的顾客 　　　B. 20% 的顾客创造了公司 80% 的利润

C. 80% 的顾客创造了公司 20% 的利润 　　　D. 20% 的利润来自 80% 的顾客

29. 顾客 RFM 模型分析中的 R 与 M 分别指_____。

A. 购买频率、相关程度 　　　　　　B. 交易日期接近性、购买金额

C. 顾客价值、购买金额 　　　　　　D. 购买金额、购买频率

30. 下列哪一个指标可代表顾客价值？

A. 顾客最近购买日期 　　　　　　　B. 顾客退货率

C. 顾客保留价值 　　　　　　　　　D. 顾客终生价值

31. 下列哪一种分析最适合用以预测现有客户的下次购买行为？

A. 以人口统计数据为依据的分析模型 　　　B. 满意度分析

C. RFM 分析 　　　　　　　　　　　D. 喜好分析

32. 下列哪一种机构最不可能会接受厂商委托进行市场调查？

A. 广告公司　　　　B. 市场调查公司　　　C. 数据库网站　　　D. 政府机构

33. 若以"过去一个月花多少时间逛百货公司"来衡量受访者的"时尚品位"，则下列哪一项最可能会受到质疑？

A. 信度　　　　　　　B. 效度　　　　　　　C. 精确度　　　　　　　D. 一致性

34. 店家收集消费者交易记录的最佳方法是_____。

A. 让他们习惯用会员卡付账　　　　　　　B. 问卷调查客户的购买习性

C. 深入访谈客户的购买经验　　　　　　　D. 让客户回忆上次购买内容

35. 零售渠道店家为了建立客户对店家的忠诚度，下列哪一种做法最不适当？

A. 在街上发放广告传单　　　　　　　　　B. 特别的个人服务

C. 持会员卡的消费者可使用快速结账柜台　D. 客户生日时提供回馈

36. 网络问卷调查越来越盛行，研究者经常使用下列哪一个网站，制作网络问卷并进行在线调查？

A. Amazon.com　　　B. Wenjuan.com　　　C. EBSCO　　　D. SPSS

37. 下列有关客户关系管理的论述，哪一项不正确？

A. 以完成交易为主要目的

B. 厂商之间因有共同利益而形成联盟，易于执行关系营销

C. 以一对一营销为终极手段，根据每位客户不同的需求，提供不同的产品与服务

D. 杂货店老板与邻居顾客的互相寒暄，也是一种关系营销

38. 客户关系管理共有四项重要战略，下列哪一项不在其列？

A. 获取顾客，寻找及发掘有潜力的消费者，并设法将其吸引

B. 大量曝光的广告战略

C. 建立顾客忠诚，使其对企业有高度的认同感

D. 获取顾客终身价值

39. 欲探讨消费者对西式快餐店各项服务质量因素的看法时，利用五点李克特尺度来设计问卷较适合用哪一种类型的问题？

A. 回溯型问卷　　　B. 无结构型问卷　　　C. 结构型问卷　　　D. 问答型问卷

40. 根据研究者目的，而非根据完整的人口比例结构，在上海市徐汇区选定一小学、初中及高中，各抽一班，这属于下列哪一种抽样方法？

A. 系统抽样　　　　　　　　　　　　　B. 判断抽样（又称立意抽样）

C. 配额抽样　　　　　　　　　　　　　D. 雪球抽样

41. 对于市场研究者在设计问卷问题时应注意的事项，你认为下列哪一项建议最好？

A. 小心问项的遣词及顺序

B. 问项不用以一个合乎逻辑的顺序排列

C. 一开始就询问较难答的问项以剔除不感兴趣的受访者

D. 避免眼神的交会以免混淆受访者

42. 国际研究人员通常必须搜集初级资料，但之后绝大多数的研究人员又会面临下列

哪一种问题？

    A. 代表性样本   B. 国与国之间是否有密切关系

    C. 与渠道成员的关系   D. 沟通方式

43. Judy 是一位专门从事在线营销研究的人员，她认为在线营销研究相较于传统的模式增加了许多优点。但下列哪一项不属于在线营销研究的优点？

    A. 成本相对较低   B. 相对更有效率

    C. 较容易取得受访者   D. 更佳的人际沟通

44. 某家小区银行想增加新网点，其研究方式是衡量该地点附近的交通流量与形态。这种搜集一手资料的研究方法是下列哪一项？

    A. 人种志研究法   B. 观察法   C. 描述法   D. 探索法

45. 下列哪一项是没做好顾客关系管理的损失？

    A. 让顾客每次多买 1~2 样甚至更多商品

    B. 购买 A 商品，通常会再购买 B 商品

    C. 每次销售人员离职，顾客资料及顾客关系也随着流失

    D. 销售人员皆能精准掌握顾客的需要

46. 航空公司里程累积计划、信用卡公司红利积点计划属于下列顾客关系管理中哪一种操作手法？

    A. 顾客忠诚度方案   B. 产品组合优惠方案

    C. 升级销售   D. 交叉销售

47. 所谓的顾客认知价值是顾客通过比较一项产品所提供的价值和获得该产品所负担的成本之差计算结果。下列哪一项实例不是反映顾客认知价值的定义？

    A. 小马买了一台 14.5 万美元的雷克萨斯汽车来享受内装的皮革气味以及舒适的触感

    B. 联邦快递以合理的价钱提供可靠的包裹运送

    C. 公立大学相对于私立大学能够提出相对合理、公平的学费

    D. 以上皆正确

48. 联邦快递（FedEx）提供顾客快速及可靠的包裹寄送服务，顾客在使用联邦快递的运送时，将会比较运费上所付出的成本。这时顾客的行为属于下列哪一理论？

    A. 关系营销   B. 忠诚度   C. 顾客认知价值   D. 社会营销

49. 在顾客关系管理中，近年来企业不断去除无法使企业获利的顾客。此类举动主要是改善企业下列哪一种状况？

    A. 获利能力   B. 形象   C. 顾客关系   D. 市场占有率

50. 下列哪一项不能反映企业的价值主张？

    A. Altoids 将自己定位为口感强烈且令人好奇的薄荷糖

B. 保时捷保证驾驶的性能以及刺激感

C. 汰渍洗衣粉保证强力全效的洗洁功能

D. 以上皆非

51. 亚马逊网站的成功，主要是提供顾客有别于其他实体书店竞争者的哪一种价值？

　　A. 各式各样的产品　　　　　　　　B. 逛书店

　　C. 独特的购买经验　　　　　　　　D. 一系列相关书籍的推荐

52. 假设你在一家女性服饰店工作，一天主管告诉你此家服饰店最大的优势就是拥有忠诚顾客的再购率。若你想建议他强化顾客的此种行为，下列哪一项活动较不适宜？

　　A. 星期五大减价　　　　　　　　　B. 当顾客进门时与他们打招呼

　　C. 调查顾客喜爱此服饰店的原因　　D. 建立快速有效率的营销方案

53. 亚马逊通过提供 350 万的会员音乐、录像带、礼品、玩具、消费性电子产品、厨房用品及其他产品，并基于顾客的消费历史来推荐顾客可能有兴趣的商品，如 CD、书籍或是影音产品，刺激顾客对其他商品的购买意愿与金额。此举将会促使亚马逊能够提高下列哪一种利益？

　　A. 顾客占有率　　　B. 市场占有率　　　C. 获利能力　　　　D. 顾客终身价值

54. 迪士尼（Disney）与皮克斯动画（Pixar Pictures）共同分享彼此的资源创造出一种新的组织形式称为下列哪一项？

　　A. 供应链管理　　　B. 授权　　　　　C. 契约式管理　　　D. 战略联盟伙伴

55. 许多银行都已使用顾客获利分析，删除不适合的顾客，并锁定有更多获利空间的顾客。此举的主要意义为下列哪一项？

　　A. 销售管理　　　　B. 定位　　　　　C. 数据库营销　　　D. 顾客关系管理

56. 顾客关系管理的最终目的为＿＿＿＿＿＿＿。

　　A. 创造高的顾客权益　　　　　　　B. 销售总额

　　C. 市场占有率　　　　　　　　　　D. 建立可信赖的数据库

57. 下列哪一项不是非营利部门营销的主要方式？

　　A. 利用营销来加强组织形象　　　　B. 在电视媒体上做大量宣传

　　C. 鼓励捐赠营销来吸引会员及捐款者　　D. 设计社会营销活动来鼓励节省能源

58. 企业依照顾客的潜在获利性以及所投射的忠诚度区分 4 种顾客群。下列哪一顾客群的特征是有高度的潜在获利且具备忠诚度？

　　A. 蝴蝶型　　　　　B. 陌生人型　　　C. 忠实朋友型　　　D. 恋栈不去型

59. 小英最近购买了一盒新的护手霜，下列哪一种指标可以用来衡量小英对于产品认知的效能与原先所预期的效果是否有差异？

　　A. 顾客认知价值　　B. 顾客满意　　　C. 顾客终生价值　　D. 需求

60. 通过里程累积的营销方案，航空公司将增进下列哪一种利益形式的顾客关系？

A. 社交利益　　　　B. 结构利益　　　　C. 金钱利益　　　　D. 体验利益

61. 亚马逊网络商店为了长远发展的考虑，与玩具反斗城、Circuit City 电器城和 Borders 书店等零售店合作，在网站上贩卖这些品牌的商品，亚马逊网络商店所进行的是 _____？

A. 伙伴关系管理　　　　　　　　　B. 数据库营销

C. 设计更具吸引力的网站　　　　　D. 改进其获利远景

[章节详解]

1.（C）【题解】服务业的品牌必须差异化，并发展合适的品牌战略。

2.（D）【题解】体验营销的基本精神在于超越商品和服务的基本功能，让顾客的认知与内心在当下感受到强大的冲击，体验一段难以忘怀的经验。

3.（D）【题解】体验营销的基本精神在于超越商品和服务的基本功能，让顾客的认知与内心在当下感受到强大的冲击，体验一段难以忘怀的经验。

4.（D）【题解】医疗诊断偏向高信任品质，购买者即使在消费后仍然难以评估优劣。

5.（C）【题解】宗教活动属于高信任属性的服务，顾客即使在消费后仍然难以评估结果的好坏。

6.（D）【题解】非自愿性的转换行为包含顾客搬迁或提供者歇业。

7.（A）【题解】研究显示，抱怨的顾客被妥善处理之后，会比其他人更忠诚，且会再来光顾。

8.（D）【题解】服务的提供在许多方面是可以差异化的，包含创新在内。顾客所期待的成为基本服务配套，提供者可增加次级服务特色到配套中。

9.（C）【题解】易变性是指服务结果的多样化或服务质量不稳定。可通过服务标准化、自动化克服此服务特性。

10.（C）【题解】易变性是指服务结果的多样化或服务质量不稳定。可通过服务标准化、自动化克服此服务特性。

11.（C）【题解】顾客意见回馈、10 元的折扣优惠等了解顾客以及致力于满足顾客的需求与再购意愿，是顾客忠诚度、顾客关系管理与数据库营销的共同目标与活动内容。

12.（C）【题解】电子邮件告知：买了此本书的人也买了一本新推出的网络营销书籍，此为新产品推荐的营销活动。

13.（A）【题解】RFM：最近一次的购买日期、购买频率、购买金额（Recency, Frequency, Monetary Value）。

14. （D）【题解】"顾客关系管理与数据库营销是企业当前重要的课题"是基于以下因素：消费者日益多元化、时间的稀少性、消费者无法容忍低服务水平、忠诚度降低等。

15. （C）【题解】对《哈佛商业评论》杂志而言，续订率是衡量顾客保留率的好指标。

16. （A）【题解】有些公司发现客户关系管理（CRM）的执行毫无进展。原因有系统设计不佳、费用昂贵、使用者并未加以利用、只提报优点、合作者忽略系统。

17. （A）【题解】山姆会员商店的会员卡属于一种付年费后，会员可享受优惠的会员制营销方式。

18. （D）【题解】利用顾客价值为主的营销活动能作出优越的营销决策，如此做可获得许多利益：①降低成本；②使收入最大化；③改善利润与投资报酬率；④取得并留住能获利的顾客；⑤使静蛰的顾客能再活络起来。

19. （D）【题解】"Hello，John"、记录着他曾经浏览的产品信息、推荐与介绍信息等显示，是定制化服务与关系营销战略，基于定制化推荐系统。

20. （D）【题解】数据库营销有助于新产品推荐、了解顾客实际的购买行为与偏好。

21. （A）【题解】丽思卡尔顿酒店通过顾客关系管理系统，翔实记录顾客的喜好信息，提供定制化的服务，是顾客关系管理的实践。

22. （C）【题解】满 500 送 100 元折价券可刺激消费者增加购买金额。

23. （A）【题解】顾客权益是公司所有顾客终身价值折现的总值。

24. （D）【题解】顾客数据库理想上应涵盖顾客过去购货信息、人口统计数据（年龄、所得、家庭成员、生日等）、心理统计资料（活动、兴趣与意见）与媒体使用数据（偏爱媒体）与其他有用信息。

25. （A）【题解】上述哈雷机车的营销活动有助于数据库营销、提高顾客满意度与品牌忠诚度。

26. （C）【题解】针对贵宾客户提供独特的服务与友谊，是一种社交利益。

27. （C）【题解】公司可提供给顾客特定的设备或计算机联机，以协助顾客管理订单、薪水、存货等，增加结构利益。

28. （B）【题解】业界著名的"80-20 法则"是指 20% 的顾客创造了公司 80% 的利润。

29. （B）【题解】RFM 分别是指交易日期接近性、购买频率、购买金额。

30. （D）【题解】顾客终生价值是描述顾客一生购物期望利润的折现值，可代表个别顾客的顾客价值。

31. （C）【题解】RFM 分析的研究目标是购买行为，最适合用以预测客户的下次购买行为。

32. （C）【题解】市场调查是取得初级数据，数据库网站只提供次级数据。

33. （B）【题解】效度是指问题是否能真正衡量想要衡量的东西，但问卷题目与时尚品位之间的关联性不大。

34.（A）【题解】会员卡加上 POS 系统，可将交易记录归于消费者的个人资料。

35.（A）【题解】广告信函的内容不因人而异，无法让客户对店铺产生忠诚度。

36.（B）【题解】Wenjuan.com 是免费的问卷网站，Amazon 是网络书店，EBSCO 是文献数据库，SPSS 是统计软件。

37.（A）【题解】传统的营销理论以完成一笔交易为目的；关系营销理论则是以增强并延长交易双方之间的关系为目的。

38.（B）【题解】维持顾客是指持续关心顾客需求的变化并满足他，促使顾客持续向厂商交易，而不会流失或转移到其他厂商。

39.（C）【题解】结构型的问卷泛指提问固定问题，且有一定的提问方式、语句和次序的问卷。

40.（B）【题解】在上海市徐汇区选定一小学、初中以及高中，各抽一班是采用判断抽样（立意抽样）。营销研究者根据其主观判断而选定样本称为判断抽样。

41.（A）【题解】研究人员在设计问题时应小心问项的用字遣词和顺序问题。问项应以一个合乎逻辑的顺序排列。开始的问题尽可能引起受访者的兴趣，而难答或涉及隐私的问项应放在最后，以免使受访者产生防卫心理。

42.（A）【题解】由于好的次级资料难寻，国际研究人员必须经常自己搜集初级资料。因此，研究人员面临在国内不会遇上的问题。例如，他们会发现要建立一组适当的样本相当困难。

43.（D）【题解】在线营销研究指通过在线调查以及在线焦点团体来搜集初级资料。但网络的世界缺乏传统焦点团体研究法可观察到的眼神交流、肢体语言以及直接的人际沟通。

44.（B）【题解】衡量该地点附近的交通流量与形态，属观察法。

45.（C）【题解】顾客关系管理着重于能与顾客建立长久的良好关系。

46.（A）【题解】顾客忠诚度方案是指通过提供忠诚顾客实质的奖赏，以奖励其重复购买的行为。

47.（D）【题解】顾客认知价值是顾客通过比较一项产品与其他竞争者所提供的产品的价值和获得该产品所负担的成本之差计算结果。

48.（C）【题解】顾客认知价值是顾客通过比较一项产品与其他竞争者所提供的产品的价值和获得该产品所负担的成本之差计算结果。

49.（A）【题解】企业将不能获利的顾客群去除，与谨慎挑选的顾客建立关系，将可增加获利。

50.（D）【题解】价值主张是指公司如何在市场中决定本身定位及创造差异化。

51.（D）【题解】亚马逊网站的推荐系统，促成关联产品的有效销售是实体书店所无法做到的。

52.（A）【题解】大多数的市场领先厂商会试着发展顾客忠诚度以及保留顾客的企划案。市场营销人员会运用一些特殊的营销工具来建立与顾客的强力联结。

53.（A）【题解】顾客占有率是指顾客在购买的项目中该公司所占有的产品类型比例。

54.（D）【题解】战略联盟是指组织之间为了突破困境、维持或提升竞争优势，而建立的短期或长期的合作关系。

55.（D）【题解】顾客关系管理的方法，运用顾客获利分析来删除不适合的顾客层级，并且锁定和维护那些能使公司获利的顾客。

56.（A）【题解】顾客关系管理的终极目的是创造高的顾客权益。顾客权益是整个公司顾客终身价值的加总。

57.（B）【题解】非营利部门大多数都实行使用社会资源、尽量不浪费太多金钱的宣传。

58.（C）【题解】忠实朋友型属于可获利且具备高忠诚度。公司产品与顾客需求连接相当密切，公司需要投入持久性的顾客关系投资来取悦这些顾客，并加以培育、保留和发展。

59.（B）【题解】顾客满意取决于产品的认知表现，相对于购买者的期望。

60.（C）【题解】里程累积的营销方案属于金钱利益。

61.（A）【题解】与玩具反斗城、Circuit City 电器城和 Borders 书店等零售店合作，属于伙伴关系管理。

全国营销专业能力考试项目暨海峡两岸营销专业能力考试项目简介

一、项目背景

为贯彻《国务院关于深化流通体制改革加快流通产业发展的意见》（国发〔2012〕39号）中关于"大力培养流通专业人才"的精神，落实《教育部关于充分发挥行业指导作用推进职业教育改革发展的意见》（教职成〔2011〕6号）中关于"使学生在取得毕业证书的同时，获得相关专业的职业资格证书和行业岗位职业能力证书"的要求，商业国际交流合作培训中心和中国国际商会商业行业商会从 2013 年起组织实施全国营销专业能力考试项目。

为加强海峡两岸人员交流和资格互认等方面的合作，促进海峡两岸专业人才和专业服务的双向流动，中国国际商会商业行业商会在全国营销专业能力考试项目开展的基础上，与台湾行销科学学会建立战略合作关系，并从 2014 年起组织实施海峡两岸营销专业能力考试项目。海峡两岸营销专业能力考试项目采取海峡两岸统一教材、统一大纲、统一题库、统一考试和统一证书颁发的模式。

二、考试对象

（一）学习市场营销、工商管理、旅游管理、酒店管理等专业的学生。

（二）从事营销策划、旅游营销等相关专业工作的从业人员。

三、专业方向

设置营销策划和旅游营销两个专业方向。

四、考试科目

（一）营销策划专业方向设置《营销管理概论》和《营销策划实务》两个考试科目。

（二）旅游营销专业方向设置《营销管理概论》和《旅游营销实务》两个考试科目。

五、证书颁发

（一）参加营销策划专业方向考试合格，颁发由商业国际交流合作培训中心和中国国际商会商业行业商会共同用印的《全国营销专业能力证书》（专业：营销策划师），同时颁发由中国国际商会商业行业商会和台湾行销科学学会共同用印的《海峡两岸营销专业能力证书》（专业：营销策划师）。

（二）参加旅游营销专业方向考试合格，颁发由商业国际交流合作培训中心和中国国际商会商业行业商会共同用印的《全国营销专业能力证书》（专业：旅游营销师），同时颁发由中国国际商会商业行业商会和台湾行销科学学会共同用印的《海峡两岸营销专业能力证书》（专业：旅游营销师）。

（三）证书可在中国国际商会商业行业商会官方网站（www.ccpitedu.com）和台湾行销科学学会官方网站（www.tims.org.tw）查询。

六、主办单位简介

（一）商业国际交流合作培训中心成立于 2002 年，是经中央机构编制委员会办公室批准成立的司局级中央事业单位，先后隶属于国家经济贸易委员会和国务院国有资产监督管理委员会。

（二）中国国际商会商业行业商会成立于 1988 年，是经中国国际贸易促进委员会批准设立在商业行业的国际商会组织，同时使用"中国国际贸易促进委员会商业行业分会"的名称。中国国际商会商业行业商会（中国国际贸易促进委员会商业行业分会）代表中国加入亚洲营销联盟（Asia Marketing Federation，AMF），同时也是全球华人营销联盟（Global Chinese Marketing Federation，GCMF）的发起成员。

（三）台湾行销科学学会成立于 2004 年，是经台湾内政主管部门批准成立的专业团体，其宗旨是结合营销学术理论与企业实务的应用，提供专业营销研究成果与经营管理的科学方法，培育企业营销研究发展所需的专业人才。台湾行销科学学会代表中国台湾地区加入亚洲营销联盟（Asia Marketing Federation，AMF），同时也是全球华人营销联盟（Global Chinese Marketing Federation，GCMF）的发起成员。

七、联系方式

中国国际商会商业行业商会

地　　址：北京市西城区复兴门内大街 45 号（100801）

电　　话：010-66094064　66094065（兼传真）

网　　站：www.ccpitedu.com

电　　邮：ccpitlyp@163.com